KB075198

청소년 사람은 무엇으로 사는가

톨스토이 원작/이진우 편역

2016. 12. 2. 초판 1쇄 발행

발행처: Long run **롱런**

발행인: 이규각

등록 번호: 제 384-2008-000039호

등록 일자: 2008. 12. 04.

우편 번호: 430-825

주소: 경기도 안양시 만안구 냉천로 29-1

전화: 017-291-2246 / 010-2614-2727 · 팩스: (031)477-2727

청소년 톨스토이의 교육적인 이야기

사람은 무엇으로
사는가

톨스토이 원작/이진우 편역

자신의 생을 불태워 등불로 남은 톨스토이

톨스토이는 인류를 사랑한 사람이다. 오늘날 톨스토
이의 문학 작품이 끊임없이 읽히는 것은 그의 사상이
세상 사람들에게 귀감이 되기 때문이다.

롱런

자신의 생을 불태워 등불로 남은 톨스토이

톨스토이 작품 중에서 가장 빛나는 작품 '전쟁과 평화' '안나 까레니나' '부활'이 있다.

위대한 작가는 위대한 생애를 만든다.

톨스토이는 인류를 사랑한 사람이다. 오늘날 톨스토이의 문학 작품이 끊임없이 읽히는 것은 그의 사상이 세상 사람들에게 귀감이 되기 때문이다.

톨스토이는 1828년 모스끄바에서 남쪽으로 200km 떨어진 영지 야스나야 뽈랴나에서 명문가의 넷째 아들로 태어났다. 그러나 불행하게도 그는 두 살 때 어머니를 잃고 아홉 살 때 아버지를 잃었다.

친척의 손에서 자란 톨스토이는 열여섯 살이 되던 해에 까잔대학에서 동양어학을 전공했으나 낙제를 하고, 법학부로 옮기는 과정에서 학업을 중단했다.

그 후 고향으로 돌아온 톨스토이는 농노(중세 유럽의 봉건 사회에서, 평생 영주〈領主〉에 예속되어 농사를 짓던 농부. 노예와 자작농의 중간에 속함)의 생활을 향상시키기 위해 농사 개혁에 참여했다. 그러나 그 개혁이 실패하자 술과 도박과 여색에 빠져 방탕한 생활을 하다가 겨우 마음을 추스르고 까프까즈의 포병 부대에 들어갔다.

톨스토이는 그때부터 '유년시대' '소년시대' '청년시대'와 같은 자전적인 소설을 썼고, 이어서 군인의 영웅적 소설인 '세바스또뽈 이야기'를 썼다.

1861년 외국 여행을 하고 돌아온 그는 교육 사업을 통하여 교육 잡지인 '국민교육론'을 발표하는 한편 농촌 아이들을 위해 학교를 짓고 그 아이들을 가르쳤다.

1862년 가을, 톨스토이는 예전부터 알고 지내던 궁중 의사의 딸 소피야 안드레예브나와 결혼을 하여 행복한 나날을 보냈다. 결혼을 한 이후로 15년 동안 안정적인 시기를 맞아 '전쟁과 평화' '안나 까레니나'와 같은 대작을 남겼다.

'전쟁과 평화'를 쓰고 난 이후 톨스토이는 교육에 심취했다. 이때 그는 다시 삶과 죽음의 관계에 의문을 품지만 그것에 대한 답을 찾지 못하고 수차례 자살 유혹에 빠지기도 했다.

그러는 동안 예술가로 사상가로 명성이 높아진 것은 사실이나 가족들과의 불화로 가출을 시도했다. 결국 급성 폐렴으로 가출은 실패하고 1910년 11월 7일 새벽에 죽음을 맞이했다.

그의 유언대로 시신은 숲 속에 묻혔고, 묘비도 십자가도 세우지 않았다.

옮긴이

차례

참고

* **마태복음**: 신약성서 중의 첫째 편. 마태오의 저작으로, 사복음서(四福音書) 중의 하나. 예수의 탄생, 광야의 유혹, 산상의 설교, 베드로의 신앙 고백, 수난, 부활 등을 기록한 내용. 마태오복음.

* **마가복음**: 신약성서 중의 둘째 편. 마르코의 저작으로, 사복음서 가운데 가장 오래된 복음서. 예수의 활동·고난·죽음에 이르는 생애를 기록함.

* **누가복음**: 신약성서 중의 셋째 편. 누가의 저작으로, 사복음서 가운데 하나. 예수의 생애와 가르침이 자세히 기록되어 있는데, 문학적으로도 매우 훌륭함.

* **요한복음**: 신약성서 중의 넷째 편. 사도 요한의 저작으로, 사복음서 중의 하나. 예수의 부활·사랑·기적 등에 관한 내용이 기록됨.

* **요한서한**: 신약성서 중, 요한의 세 편지. 하느님의 사랑과 교회의 윤리에 관하여 기록했음. 〔요한일서. 요한이서. 요한삼서로 되어 있음.〕

사람은 무엇으로 사는가

사람은 무엇으로 사는가

📖 우리는 형제들을 사랑하기 때문에 이미 죽음을 벗어나 생명의 나라에 들어선 것을 안다. 사랑하지 않는 사람은 죽음 안에 그대로 머물러 있는 것이다.

(요한일서 3:14)

📖 누구든지 세상에 있는 재물을 가지고 있으면서도 자기 형제의 궁핍함을 동정하지 않는다면 어찌 하느님의 사랑이 그에게 있다고 하겠는가?

(요한일서 3:17)

📖 사랑하는 아들딸들이여, 우리는 말로도 혀끝으로도 사랑하지 말며 행동에 의한 진실한 사랑을 해야 한다.

(요한일서 3:18)

📖 사랑하는 이여 우리는 서로 사랑해야 한다. 사랑은 하나님으로부터 오는 것이다. 사랑은 하느님으로부터 생기니 누구나 하느님을 안다.

(요한일서 4:7)

📖 사랑하지 않는 사람은 하느님을 알지 못한다. 하느님은 사랑이시기 때문이다.

(요한일서 4:8)

📖 지금까지 하느님을 본 사람은 없다. 그러나 우리가 서로 사랑한다면 하느님께서는 우리 안에 계시고 또 하나님의 사랑이 우리 안에서 이미 완성되어 있는 것이다.

(요한일서 4:12)

📖 하느님은 사랑이다. 사랑 안에 있는 사람은 하느님 안에 있는 것이고, 하느님은 그 사람 안에 계신다.

(요한일서 4:16)

📖 하느님을 사랑한다고 하면서 자기의 형제를 미워하는 사람은 거짓말쟁이다. 눈앞의 형제를 보고도 사랑하지

않는 자가 어떻게 보이지 않는 하느님을 사랑할 수 있겠는가?

(요한일서 4:20)

❀❀❀

1

어느 농부의 집에 한 구두 수선공이 세를 들어 살고 있었다. 그는 집도 땅도 없었으므로 구두를 만들고 수선하는 일로 생계를 꾸려갔다. 곡식은 비싸고 품삯은 쌌기 때문에 아내와 아이들을 겨우 먹여 살리는 형편이다.

그에게는 아내와 같이 입는 모피 코트 한 벌이 있었는데 그것마저도 닳아서 누더기가 되어 버렸다. 그는 새 모피 코트가 필요했다. 그래서 그는 양가죽을 마련하기 위해 2년째 애를 썼다.

가을이 되어서야 겨우 돈을 모으기는 했지만 턱없이 부족한 액수였다. 지금 아내의 장롱 속에는 3루블뿐이다. 그나마 마을 농부들에게 빌려 준 돈 5루블(지폐) 20까뻬이까(동전)를 받으면 가능하리라 생각했다.

그는 아침부터 모피를 사기 위해 떠날 채비를 하였다. 아침을 먹은 뒤 속옷 위에 아내의 솜 재킷을 입고, 그 위에 까푸탄(뾰뜨르 대제 이전에 유행한 옷으로 긴 망토 형식의 옷자락이 긴 코트)을 걸쳤다. 그러고 3루블을 호주머니에 넣은 뒤 꺾은 나뭇가지를 지팡이 삼아 길을 나섰다.

마을에 다다른 구두 수선공은 어느 농부의 집으로 찾아갔다. 남자는 집을 비우고 아내가 있었다.

그녀는 돈이 없다면서 다음 주 안으로 남편을 통해 갚겠다고 약속할 뿐 돈을 주지 않았다.

구두 수선공은 다른 농부네 집으로 발길을 돌렸다. 그 농부 역시도 하느님께 맹세하건데 돈이 한 푼도 없다고 하면서 장화 수선비 20까뻬이까만을 줄 뿐이었다. 그래도 미안한 마음이 들었던지 수선해 달라면서 구두 한 켤레를 맡겼다.

구두 수선공은 하는 수 없이 외상으로 양가죽을 사기 위해 가죽 장수를 찾아갔다. 그러나 그는 딱 잘라 거절했다.

"먼저 돈을 가지고 와요. 그런 다음 마음에 드는 것을 골라 가세요. 당신도 잘 아시겠지만 외상값을 받기가 얼마나 어려운지 잘 알고 있지 않소?"

구두 수선공은 겨우 장화 고친 값 20까뻬이까를 받은 것과 어느 농부에게서 낡은 펠트 장화에 가죽 대는 일을 맡은 것이 고작이다.

구두 수선공은 몹시 속상했다. 그래서 그 20까뻬이까로 몽땅 보드카를 마셔 버린 뒤 터덜터덜 집으로 발걸음을 옮겼다.

아침에는 제법 날씨가 추운 것 같았으나 술이 한잔 들어가자 코트를 입지 않았는데도 몸이 후끈거렸다.

그는 한 손에 든 지팡이로 울퉁불퉁 언 땅을 툭툭 쳤다. 그리고 다른 한 손으로는 펠트 장화를 허공에 휘저으며 혼자 중얼거렸다.

"보드카 한잔 마셨더니 모피 코트를 입지 않아도 온몸이 후끈 달아올라 따뜻하기만 하구나. 그래, 모피 코트는 없어도 좋아. 내가 어떻다는 거야? 그런 거 없어도 난 살 수 있거든. 모피 코트 따위 사는 동안 필요 없어. 물론 마누라는 우울해 하겠지. 그러나저러나 화가 나는 것은 이토록 애를 썼는데도 마누라는 가만있지 않을 거야.

맞아! 하루 종일 헛수고를 하다니 어디 두고 보자. 다음번에도 너희들이 돈을 갚지 않는다면 정말이지 빼앗겠어, 도대체 이게 뭐야? 돈을 찔끔찔끔 주다니! 20까뻬이까로 무엇을 하란 말이야? 술 마시는 것 말고 뭘 할 수 있겠어?

뭐, 형편이 어렵다고? 너희들만 어렵고 나는 어렵지 않단 말이냐? 그래도 너희들에게는 집도 있고 가축도 있고 빵을 만들 곡식도 있지만 나는 빈털터리야.

너희들은 농사를 지어 먹지만 우리 가족은 돈이 있어야 빵을 살 수 있단 말이다. 어디서 구하든 일주일에 빵 값으로 3루블은 있어야 해.

집에 가면 빵이 없을 테니 적어도 1루블 50까뻬이까는 또 내놔야 해. 그러니 너희들도 당장 내가 일한 돈을 주란 말이야!"

취기가 오른 쎄묜은 돈을 주지 않는 농부가 못마땅한 듯 투덜거리며 집으로 향하고 있었다. 그 길을 따라 저녁 해도 서서히 지기 시작했다. 마침내 구두 수선공은 길모퉁이에 있는 작은 교회 근처까지 왔다. 순간 교회 담 밑에 무언가 하얀 것이 보였다.

구두 수선공은 찬찬히 그것을 살펴보았지만 이미 해가 지고 어두워져 딱히 무엇인지 분간할 수 없었다.

'여기에 돌 같은 것은 없었는데, 혹시 짐승인가? 아냐, 짐승 같지도 않네. 머리는 사람 같은데 사람의 머리치고는 너무 하얗군. 그래, 사람이 왜 이런 곳에 와 있겠어?'

구두 수선공은 좀 더 가까이 다가갔다. 물체가 똑똑히 보였다. 그것은 놀랍게도 사람이었다. 그는 살았는지 죽었는지 분간할 수 없었지만 벌거벗겨진 채 교회 담 아래 기대어 꼼짝도 않고 있었다. 구두 수선공은 순간 덜컥 겁이 났다.

'저런, 누군가 이 사람을 죽인 뒤 옷을 벗긴 모양이야. 혹시 죽지 않을 수도 있어. 아니 살아 있다 하더라도 문제야. 아는 체 했다간 무슨 일을 당할지 몰라.'

구두 수선공은 그런 생각이 들자, 그냥 지나쳐 버렸다. 그러나 교회 모퉁이를 돌아설 쯤 뒤돌아보았을 때, 그 사람은 담에서 몸을 일으켜 천천히 움직이기 시작했다. 그러자 구두 수선공은 덜컥 겁이나 걸음을 멈추고 이런 생각을 하였다.

'다시 가까이 가 볼까? 아니면 말까? 혹시 가까이 갔다가 무슨 봉변을 당할지도 몰라. 어떤 놈인지 모르잖아. 아무튼 좋은 일을 했으면 이런 곳에 와 있겠어?

가까이 가는 순간 벌떡 일어나 나의 목을 조를지도 몰라. 그렇게 되면 나는 꼼짝없이 죽게 될 거야. 아니 목 졸려 죽지 않는다 해도 아마 저 사람 일에 말려들 거야.

한데 저 벌거숭이를 어떻게 한담? 내 옷을 벗어 주자니 그렇고. 에이 모르겠다. 그냥 가 버리자!'

구두 수선공은 걸음을 재촉했다. 그러나 교회를 지나면서 양심의 가책을 받기 시작했다.

그는 발길을 멈춰 서서 자신에게 말했다.

"쎄묜, 대체 너는 무얼 하는 거야? 사람이 불행한 일로 죽어 가는데 그냥 가 버리겠다고? 네가 큰 부자라서 재산이라도 빼앗길까 봐 그렇게 겁먹는 거야? 그건 옳지 못해. 부끄러운 일이야, 쎄묜!"

쎄묜은 곧장 걸음을 되돌려 그 남자 곁으로 갔다.

✤✤✤

2

쎄묜은 그 남자 곁으로 다가가 자세히 살펴보았다. 다행이 그는 얻어맞은 흔적도 없는 튼튼한 젊은이였다. 다만 추위에 떨고 있는 상태로 놀란 기색뿐이다.

그는 담에 기대어 앉아 눈뜰 힘도 없는지 쎄묜을 쳐다보지도 않았다. 그러나 쎄묜이 가까이 다가가자 젊은이는 갑자기 정신이 드는지 고개를 돌려서 쎄묜을 쳐다보았다. 그 눈빛에 쎄묜의 마음이 움직였다. 쎄묜은 들고 있던 펠트 장화를 땅바닥에 놓았다. 그리고 허리끈을 풀어 그 위에 놓은 다음 자신이 입고 있던 까푸탄을 벗었다.

"젊은이 이러고 있을 때가 아니오. 자, 이 옷을 입어요. 어서!"

쎄몬은 남자의 팔을 잡아당겨 일으키려 했다.

젊은이가 힘겹게 일어나자 쎄몬은 훤칠한 키와 깨끗한 몸매, 고은 손발, 그리고 기품이 느껴지는 얼굴을 바라보았다.

쎄몬은 그에게 까푸탄을 주었다. 그는 소매에 팔을 넣지 못했다. 그래서 쎄몬은 직접 양팔을 소매에 넣어 주고 옷자락을 여민 다음 허리끈을 매어 주었다.

쎄몬은 자기가 쓰고 있던 해진 모자를 벗어 그에게 씌어 주려다 자기 머리도 추웠으므로 이렇게 생각했다.

'난 머리칼이 거의 없지만, 이 젊은이는 머리칼이 많아 괜찮을 거야.'

그는 벗었던 모자를 다시 썼다.

'그보다 장화를 신겨 주는 편이 낫겠다.'

쎄몬은 젊은이를 앉게 하고 펠트 장화를 신겨 주었다.

"이제 됐네. 자, 언 몸을 움직여 녹이도록 하게. 뒷일은 나중에 걱정하기로 하고. 그런데 걸을 수 있겠나?"

젊은이는 일어서서 고맙다는 듯이 쎄몬을 바라보았으나 한마디 말도 없었다.

"왜 가만있지? 여기는 너무 춥지 않은가? 집으로 가야지.

자, 여기 내 지팡이가 있으니 이걸 짚고 기운이 없으면 나를 의지해서 걸어 보게!"

젊은이는 걷기 시작했다. 전혀 지쳐서 쓰러져 있던 사람 같지 않게 뒤쳐지지 않고 잘 걸었다.

함께 길을 걸으며 쎄묜이 물었다.

"그래, 자네는 대체 어디서 왔나?"

"저는 이 마을 사람이 아닙니다."

"아무렴, 이 마을 사람이라면 내가 다 알고 있지. 그런데 어쩌다가 여기 교회 근처까지 오게 되었나?"

"죄송하지만 그건 말할 수 없습니다."

"틀림없이 사람들이 자네를 심하게 대했겠지?"

"아닙니다. 누구도 저를 심하게 대하지 않았습니다. 저는 하느님의 벌을 받은 것뿐입니다."

"그야 물론 하느님의 뜻이지. 그렇다 하더라도 쉴 곳을 찾아야지. 자네 갈 곳이라도 있는가?"

"갈 곳이 없습니다."

이 말을 들은 쎄묜은 놀랐다. 그의 온순한 말씨로 보아 나쁜 사람 같지는 않았다. 그런데 무슨 사정이 있는지 자신에 대한 이야기를 좀처럼 하려 들지 않는다.

쎄묜은 생각했다.

‘하기야, 세상에는 말 못할 일도 많겠지.’

쎄묜은 젊은이에게 이렇게 말했다.

“그렇다면 우리 집으로 가는 것이 어떤가. 몸을 좀 녹일 수 있을 테니까.”

쎄묜은 집을 향해 앞장서서 걸었다. 젊은이도 뒤를 따라 걸었다. 찬바람이 쎄묜의 셔츠 속으로 스며들었다. 술이 깨면서 점점 추위를 느꼈다.

쎄묜은 이따금 코를 훌쩍거리면서 마누라의 재킷을 여미고는 종종 걸음을 재촉했다. 그러면서 생각했다.

‘이게 어떻게 된 일이지. 양가죽을 사러 간다고 해 놓고, 까푸탄마저 이 벌거숭이 젊은이에게 벗어 주고 그것도 모자라 그를 달고 가게 되다니, 마뜨료나에게 잔소리깨나 듣겠는 걸!’

마뜨료나 생각에 쎄묜은 착잡한 심정이었다. 그러나 그 젊은이가 교회의 담 밑에서 자기를 바라보던 그 눈빛을 생각하니 다시금 기분이 좋아졌다.

❀❀❀

3

쎄묜의 아내는 집 안 일을 일찍 끝냈다. 장작을 패고 물을 긷고 아이들과 함께 저녁을 먹은 뒤, 이런 저런 생각에 잠겼다.

'빵은 언제 굽지? 오늘 구울까, 내일 구울까?'

아직 빵은 큰 덩어리 하나가 남아 있었다.

'쎄묜이 점심을 먹고 온다면 저녁은 많이 먹지 않겠지. 그렇다면 내일 먹을 빵은 이것으로 충분할 거야.'

마뜨료나는 빵 조각을 보면서 생각했다.

'오늘은 빵을 굽지 말아야지. 밀가루도 얼마 남지 않았으니 이걸로 금요일까지 버텨 보자.'

마뜨료나는 빵을 치우고 탁자에 앉아 남편의 해진 셔츠를 깁기 시작했다. 옷을 기우면서 마뜨료나는 남편이 사 올 양가죽을 생각했다.

'모피 장수에게 속지 말아야 할 텐데. 사람이 너무 어수룩해서 속을지도 몰라, 어린아이한테도 속아 넘어갈 사람인 걸.

8루블이면 적지 않은 돈이니까 부드럽고 좋은 것은 아니더라도 쓸 만한 양가죽을 살 수 있을 거야. 그러면 좋은 코트는 아니더라도 입을 만한 코트는 만들 수 있겠지.

지난 겨울에는 모피 코트가 없어서 정말이지 고생이 심했어! 강에도 산에도 갈 수 없었지. 지금도 그래, 남편이 옷이란 옷은 모조리 입고 나가 버리니까 난 걸칠 옷이 하나도 없잖아.

아침 일찍 떠난 건 아니지만 올 때가 되었는데. 왜, 여태껏 안 오는 거야. 이 양반이 술이라도 마신 것은 아니겠지?'

마뜨료나가 막 이런 생각을 하는 순간 현관 계단에서 인기척이 들렸다. 마뜨료나는 깁고 있던 낡은 옷을 정리했다. 그런 다음 반짇고리에 바늘을 꽂고 현관 쪽으로 나갔다. 현관에는 쎄묜과 함께 낯선 젊은이가 모자도 쓰지 않고 맨발에 펠트 장화를 신은 채 서 있었다. 마뜨료나는 남편의 입에서 풍기는 술 냄새를 놓치지 않았다.

'역시 마셨구나.'

까푸탄도 입지 않고 재킷 하나만 걸친 남편이 빈손으로 면목이 없다는 듯 풀죽어 있자, 그것을 본 마뜨료나는 가슴이 찢어질 것만 같았다.

'그 돈으로 몽땅 마셔 버렸구나. 아무 짝에도 쓸모없는 젊은이와 어울려 퍼마시고 그것도 모자라 집에까지 데려온 거야.'

마뜨료나는 두 사람을 집 안으로 들이면서 뒤따라가다가 얼굴도 모르는 그 젊은이가 입고 있는 까푸탄이 자기네 것임을 알았다. 까푸탄 안으로는 셔츠도 보이지 않았다.

집 안으로 들어선 젊은이는 그 자리에 선 채 고개도 쳐들지 않았다. 그래서 마뜨료나는 그의 그런 모습을 보고 생각했다.

'틀림없이 무슨 잘못을 저질러서 겁먹고 있는 거야.'

마뜨료나는 얼굴을 찡그렸다. 그리고 난로 쪽으로 가 그들의 행동을 가만히 지켜보았다.

쎄묜은 별일이 없다는 듯 모자를 벗고 태연하게 의자에 앉았다.

"여보, 마뜨료나, 어서 저녁을 차려야지 뭐하는 거요."

마뜨료나는 아무런 대꾸도 없이 난롯가에 선 채로 두 사람을 번갈아 쳐다보며 머리를 흔들 뿐이었다.

쎄묜은 마누라의 기분이 좋지 않다는 것을 알면서도 모르는 체, 젊은이의 손을 잡아당겼다.

"자, 앉게나. 저녁을 먹어야지."

젊은이는 의자에 앉았다.

"아무것도 하지 않았단 말이오?"

마뜨료나는 화가 치밀어 올랐다.

"왜, 안 해요. 그렇지만 당신이 먹을 것은 없어요. 당신은 이제 술만 마신 것이 아니라 염치마저 마셔 버린 모양이구려.

모피를 사러 간 사람이 모피는커녕 그것도 모자라 벌거숭이까지 데려오다니. 당신들 같은 주정뱅이에게 줄 저녁은 없어요!"

"그만 해요, 마뜨료나. 사정도 모르면서 함부로 말하지 말아요. 어떤 사정이 있었는지 먼저 물어보는 것이 순서가 아니오?"

"그건 나중이고, 그래 돈은 어디 있어요? 어서 말해 봐요."

쎄묜은 까푸탄 주머니 속에서 돈을 꺼내 보이며 말했다.

"돈은 여기 있어. 뜨리뽀노프에게 받지는 못했지만 곧 주겠대."

마뜨료나는 기가 막혔다.

"도대체 무슨 일이 있기에 모피도 사지 않고, 단 하나밖에 없는 까푸탄을 낯선 벌거숭이에게 입혀 집으로 데려오다니."

마뜨료나는 쎄묜이 탁자 위에 놓은 돈을 집어 장롱 속에 숨기면서 말했다.

"저녁은 없어요. 어떻게 벌거숭이와 주정뱅이에게 밥을 주겠어요?"

"말 좀 조심해요, 마뜨료나. 먼저 내 말 좀 들어보라니까……"

"당신 같은 멍청한 주정뱅이한테서 무슨 말을 들어요? 전에 당신 같은 주정뱅이에게 시집을 오지 않으려고 한 것도 다 이유가 있었다고요. 어머니가 주신 옷감도 당신이 술값으로 다 날려 버렸죠. 그것도 모자라 이번엔 모피를 사러 간다더니 그 돈으로 술을 마셔 버려……"

쎄몬은 자기가 마신 술값이 20까뻬이까밖에 되지 않으며, 또 이 젊은이를 어디에서 발견했는지를 말하려고 했다. 그러나 마뜨료나는 쉴새없이 지껄여 대며 말할 틈조차 주지 않았다. 심지어는 10년 전의 일까지 일일이 들추어내는 것이었다.

한참 잔소리를 퍼붓던 마뜨료나는 쎄몬에게 대들며 그의 옷소매를 잡아당겼다.

"내 재킷 이리 줘요. 한 벌밖에 없는 내 옷을 뺏어 입고서 염치도 좋지. 어서 벗어, 이 못난 인간아. 차라리 나가서 죽어버려!"

쎄몬이 재킷을 벗으려는 순간 마누라가 한쪽 소매를 잡

아당기는 바람에 재킷의 꿰맨 부분이 터지고 말았다. 마뜨료나는 그 재킷을 빼앗아 뒤집어쓰고 문 쪽으로 서둘러 나가다가 그 자리에 멈춰 섰다. 화가 치밀기는 했어도 이 낯선 젊은이가 누군지 알고 싶어졌다.

❀❀❀

4

마뜨료나는 걸음을 멈추더니 말했다.

"만약 저 젊은이가 정상적이라면 저런 꼴일 수가 있어요? 게다가 이 젊은이는 셔츠도 안 입고 있어요! 만약 당신이 좋은 일을 한 것이라면, 어디서 이런 젊은이를 데려왔는지 말했어야 될 게 아녜요?"

"그러니까 내가 아까부터 계속해서 말하려 하지 않았소. 집으로 돌아오는 길에 이 젊은이가 교회 담에 기대어 앉아 있더군, 거의 알몸으로 얼어붙은 채.

마침 하느님이 나를 이 사람에게로 이끄신 거야. 그렇지 않았더라면 이 사람은 얼어 죽었을 거야. 자, 그런 상황에서 내가 어떻게 하면 좋을 것 같소?

우리도 살다 보면 언제 어떤 일을 당할지 누가 알겠소! 그래서 옷을 입혀 여기까지 데려온 것이오. 그러니 당신도 화를 풀고 마음을 좀 가라앉혀요. 그대로 두면 죄를 짓는 거요, 마뜨료나. 사람이라면 언젠가는 죽는다는 사실을 잊지 말아요."

마뜨료나는 속이 뒤집혀 욕을 퍼부으려 했다. 하지만 낯선 젊은이를 생각해서 입을 다물었다. 그것은 무언가 모를 평온한 기운이 그녀에게 느껴졌기 때문이다.

젊은이는 죽은 듯이 의자 끝에 앉은 채 꼼짝도 하지 않았다. 두 손을 무릎 위에 올려놓고 머리를 숙인 채 불편한 듯 줄곧 눈을 감은 상태에서 얼굴을 찡그리고 있었다.

마뜨료나가 아무 말이 없자, 쎄묜은 말을 이었다.

"마뜨료나, 당신의 마음속엔 하느님도 없소?"

이 말을 듣자 마뜨료나는 다시 한 번 낯선 젊은이를 바라보았다. 순간 자신의 마음이 누그러졌다.

문 앞에 서 있던 마뜨료나는 발길을 돌려 난로 쪽으로 가더니 저녁 준비를 했다. 컵을 식탁 위에 놓고 끄바스(흑밀을 발효시켜 만든 저알코올 음료)를 따르고, 마지막 남은 빵을 내놓았다. 그런 다음 칼과 숟가락을 놓으면서 말했다.

"어서 들어요."

쎄묜은 젊은이를 안심시키며 말했다.

"자, 이리 가까이 와서 앉아요."

쎄몬은 커다란 빵을 잘게 자른 후 젊은이와 함께 저녁을 먹기 시작했다.

마뜨료나는 식탁 모서리에 앉아 한 손으로 턱을 괸 채 낯선 젊은이를 물끄러미 바라보았다. 그 젊은이가 불쌍하고 딱해 보여서 그런지 보살펴 주고 싶다는 생각이 들었다.

그러자 순간 젊은이의 표정이 밝아졌다. 이내 그는 찡그렸던 얼굴을 펴고 마뜨료나를 바라보며 빙그레 웃었다.

식사가 끝나자 마뜨료나는 식탁을 치운 다음 젊은이에게 물었다.

"젊은이는 도대체 어디서 왔어요?"

"저는 이곳 사람이 아닙니다."

"그런데 왜 거기에 쓰러져 있었나요?"

"그건 말씀드릴 수 없습니다."

"강도질을 당했나요?"

"저는 하느님의 벌을 받았습니다."

"그래서 벌거벗은 몸으로 있었어요?"

"예, 알몸으로 있다가 얼어 죽을 지경에 이르렀어요. 그 댁의 남편이 발견하고 불쌍히 여겨 입고 있던 까푸탄을 벗어 저에게 입혀 주었습니다. 그리고 여기까지 데려온 것입니다.

여기에 오니까 아주머니께서 또 저를 불쌍히 여겨서 그런지 먹고 마실 것을 주셨습니다. 두 분께는 틀림없이 하느님의 은총이 있을 것입니다."

마뜨료나는 자리에서 일어나서 방금 전에 깁던 쎄몬의 낡은 셔츠를 집어다가 젊은이에게 건넸고, 바지도 찾아서 내주었다.

"이제 보니 셔츠도 안 입었잖아. 자, 이걸 입고 편히 누울 곳으로 가서 자도록 해요. 침대 위든 난롯가든."

젊은이는 까푸탄을 벗고 셔츠와 바지를 입은 다음 침대 위에 누웠다.

마뜨료나는 등불을 끈 뒤 까푸탄을 가지고 남편 곁으로 갔다. 그리고 까푸탄 자락을 덮고 누웠으나 잠을 이룰 수가 없었다. 젊은이에 대한 생각이 머릿속을 떠나지 않은 것이다.

그 젊은이가 조금 남아 있던 마지막 빵을 다 먹어 내일 먹을 빵이 없다는 것과, 자기가 내준 셔츠와 바지를 생각하니 기분이 언짢았다. 하지만 그가 빙그레 웃던 일을 생각하니 왠지 마음이 평온해졌다.

마뜨료나는 오랫동안 잠을 이루지 못했고, 쎄몬도 잠을

이루지 못하는 것 같았다. 그녀가 까푸탄 자락을 잡아당기며 말했다.

"쎄묜, 자요?"

"아니, 무슨 일이오."

"저녁에 먹은 빵이 마지막이에요. 내일은 어떻게 하면 좋을지 모르겠어요. 말라냐 대모에게 가서 좀 꾸어야겠어요."

"그렇게 하구려, 산 입에 거미줄이야 치겠소?"

마뜨료나는 한동안 가만히 누워 있더니 말을 이었다.

"저 젊은이는 나쁜 사람 같지 않은데, 왜 자기에 대한 말은 전혀 하지 않는 거죠?"

"뭔가 말 못할 사정이 있겠지."

"쎄묜!"

"응?"

"우리는 이렇게 남을 도우려고 하는데 왜 남들은 우리에게 도움을 주지 않는 걸까요?"

쎄묜은 뭐라고 대답해야 좋을지 몰랐다.

그래서 그는

"왜 그런 생각을 하는 거요."

하고, 돌아누워 잠을 청했다.

5

다음날 아침이 밝자 쎄묜은 일어났다. 아이들은 아직 자고 있었고, 아내는 빵을 꾸러 이웃집으로 갔다. 어제 데려온 젊은이는 헌 셔츠와 바지를 입은 채 의자에 앉아 멍하니 있었다. 그 표정은 어제보다 한결 밝아 보였다.

쎄묜이 말했다.

"이봐, 젊은이. 배 속에서는 먹을 것을 달라고 하고 벌거벗은 몸은 옷을 달라고 하니, 산 사람이라면 뭐든 밥벌이를 해야 하지 않겠나. 자넨 무슨 일을 할 줄 아나?"

"저는 할 줄 아는 게 아무것도 없습니다."

쎄묜은 놀란 것도 잠시 다시 말을 이었다.

"그래도 마음만 먹으면 되지. 사람은 뭐든 배울 수 있어."

"모두가 일을 해야 한다면 저도 일을 하겠습니다."

"좋아. 그런데 자네 이름은 무언가?"

"미하일입니다."

"미하일, 자넨 자기의 이야기를 하려고 하지 않는데 그건 아무래도 좋아. 굳이 하고 싶지 않다면 안 해도 좋아. 그렇지만 밥벌이는 그런 게 아니야. 만일 내 일을 돕겠다면 밥은 먹여 주겠네."

"고맙습니다. 일을 배우겠습니다. 제게 할 일을 가르쳐 주신다면 열심히 배우겠습니다."

쎄묜은 실을 집어 들어 손가락에 감은 뒤 매듭을 지었다.

"어려울 건 없어, 잘 보게."

미하일은 가만히 들여다보더니 쎄묜처럼 손가락에 실을 감아 매듭을 지었다.

이번에는 쎄묜이 실에 왁스(밀랍) 먹이는 방법을 가르쳤다. 미하일은 그것도 단번에 배웠다. 다음에는 가죽 다루는 법과 뻣뻣한 실을 어떻게 바늘에 꿰고 어떻게 꿰매는지를 가르쳐 주었다. 미하일은 그것도 단번에 배웠다.

쎄묜이 무슨 일을 가르치든 미하일은 단번에 배웠다. 사흘째부터는 오랫동안 구두를 수선해 온 사람처럼 능숙하게 일을 하기 시작했다.

그는 쉴 사이도 없이 열심히 일만 하고 밥은 조금밖에 먹지 않았다. 일을 하다가 쉴 때에는 잠자코 앉아 천장만 쳐다보았다. 그는 밖에 나가는 일도 없었고 꼭 필요한 말 이외는 하지도 않았다.

미하일이 웃는 모습을 보인 것은 그가 처음 오던 날 마뜨료나가 저녁 밥상을 차려 준 그 순간뿐이었다.

❀❀❀

6

하루가 가고, 일주일이 가고, 어느덧 해가 바뀌었다. 미하일은 여전히 쎄몬의 집에서 일을 한다.

그 일 년 동안 미하일 만큼 멋지고 튼튼하게 구두를 만드는 사람은 없다고 사방으로 소문이 퍼졌다. 그러자 이웃 마을에서까지 주문이 몰려와 쎄몬의 수입은 점점 늘어났다.

그러던 어느 겨울날이었다. 쎄몬과 미하일이 같이 앉아 일을 하고 있는데 집 밖에서 요란한 방울 소리가 들려왔다.

창밖을 내다보니 삼두마차가 구둣방 쪽으로 달려와 이내 집 앞에 멈추어 섰다. 마차가 멈추자 하인이 마부석에서 펄쩍 뛰어내리면서 문을 열었다.

모피 코트를 입은 신사가 마차 안에서 나왔다. 마차에서 내린 신사는 쎄몬의 집을 향하여 걸었다.

이를 본 마뜨료나가 뛰어나가 문을 활짝 열자 신사는 몸을 굽히고 집 안으로 들어섰다.

그 신사가 집 안으로 들어서며 구부렸던 몸을 펴자 머리는 거의 천장에 닿을 정도였고, 몸은 가게를 가득 채울 만큼 컸다.

쎄몬은 일어나서 인사를 하면서도 신사의 몸집에 놀라 입을 다물지 못했다. 그는 일찍이 이런 사람을 본 적이 없었기 때문이다.

쎄묜 자신과 미하일도 마른 편이고 마뜨료나는 마른 나뭇가지처럼 앙상했다. 그러니 그들의 눈에 비친 이 신사는 다른 세상에서 온 것만 같았다.

혈색이 좋고 윤기가 흘렀으며, 목은 황소처럼 굵어 마치 몸이 무쇠로 만들어진 것 같았다.

신사는 숨을 크게 한 번 내쉰 뒤 코트를 벗고 의자에 앉으며 물었다.

"주인이 누구지?"

쎄묜이 앞으로 나서며 말했다.

"제가 주인입니다, 나리."

신사는 하인을 큰 소리로 불렀다.

"페지까. 그 가죽을 가져와!"

하인은 달려가서 작은 보따리를 가져왔다. 신사는 그것을 받아 탁자 위에 올려놓았다.

"풀어 봐."

그러자 하인이 보따리를 풀었다.

신사는 손가락으로 가죽을 가리키며 쎄묜에게 말했다.

"주인, 이 가죽 보이지?"

"예, 나리."

"그럼, 이게 무슨 가죽인지 알겠어?"

쎄묜은 가죽을 잠시 만져 보고 나서 말했다.

"참 좋은 가죽입니다."

"어리석긴 그야 물론 좋은 가죽이지! 자넨 아직 이런 가죽은 구경도 못했을 것이다. 이건 독일젠데, 20루블이나 줬어."

쎄묜은 깜짝 놀라면서 말했다.

"저 같은 사람이 그런 걸 어디서 구경하겠습니까?"

"그럴 거야. 한데 자네, 이걸로 내 발에 꼭 맞는 장화를 만들 수 있겠나?"

"물론 만들 수 있습니다, 나리."

신사는 쎄묜에게 호통을 치듯 말했다.

"만들 수 있다고 했겄다. 그럼 명심해라. 네가 누구의 장화를 어떤 가죽으로 만드는지.

내가 원하는 장화는 1년을 신어도 해지지 않는 장화야. 그렇게 만들 자신이 있으면 가죽을 자르고, 만약 그렇지 않으면 그만두게.

미리 말해 두는데, 1년도 되지 않아 모양이 변하거나 꿰맨 부분이 터지면 너를 감옥에 처넣을 거야. 그 대신 1년이 지나도 모양이 변하지 않고 꿰맨 부분이 터지지 않는 장화를 만든다면 수공(품삯)으로 10루블을 더 주지."

쎄묜은 겁이 더럭 나서 말을 못한 채 미하일을 힐끔 쳐다보았다. 그리고 팔꿈치로 미하일을 쿡 찌르며 귓속말로 물었다.

"맡을까?"

그러자 미하일은 맡으라고 고개를 끄덕였다. 쎄묜은 미하일이 그렇게 하라고 하자 1년 안에 모양이 변하지도 꿰맨 부분이 터지지도 않는 장화를 주문 받기로 하였다.

신사는 하인을 불러 왼쪽 신발을 벗기라고 하며 발을 내밀었다.

"자, 그럼 치수를 재게!"

쎄묜은 10베르쇼끄(1베르쇼끄는 약 4.5cm) 길이 정도의 종이를 이어 붙여서 자를 만든 다음, 평평한 바닥에 깔았다. 그리고 두 무릎을 꿇고 앉아 신사의 양말을 더럽혀지지 않도록 앞치마에 손을 잘 닦은 다음 치수를 재기 시작했다.

발바닥을 재고, 발등 높이를 재었다. 그리고 종아리를 재려는데 종이 자 양끝이 닿지 않아 도저히 잴 수 없었다. 그것은 그만큼 신사의 종아리가 통나무만큼이나 굵었기 때문이다.

"이봐, 종아리를 너무 꽉 죄게 해서는 안 돼."

쎄묜은 다시 종이 자를 더 이어 붙인 다음 치수를 재기 시작했다.

신사는 가만히 앉은 채 양말 속의 발가락을 꼬물거리며 집 안을 둘러보았다. 그러다가 미하일을 보게 되었다.

"저 친구는 누구지?"

"우리 집 직공인데, 아주 훌륭합니다. 그가 나리의 장화도 만들 것입니다."

그러자 신사가 미하일에게 말했다.

"똑똑히 알아 두어라. 1년간 신어도 끄떡없도록 만들어야 해."

쎄묜도 미하일을 돌아보았다. 그런데 미하일은 신사의 말에 아랑곳도 하지 않고 그의 뒤쪽을 유심히 살피고 있었다. 마치 누가 있기라도 한 것처럼 꿰뚫어 보고 있었다. 그러다 갑자기 미소를 짓더니 얼굴이 환하게 밝아졌다.

"바보 자식, 넌 뭘 보고 웃는 거야? 어쨌든 기한 내에 만들 수 있도록 정신 바짝 차리는 게 좋을 걸."

그러자 미하일이 말했다.

"네, 기한 내에 꼭 만들어 놓겠습니다."

"좋아."

치수를 다 재자, 신사는 장화를 신고 모피 코트를 입은 다음 문 쪽으로 갔다. 그러나 깜박하고 허리를 굽히지 않아 문의 상단에 이마를 부딪쳤다. 신사는 욕을 퍼붓고 이마를 문지르더니 마차를 타고 가 버렸다.

신사가 떠나자 쎄묜이 말했다.

"정말 대단한 사람이야. 몽둥이로 내리쳐도 끄떡없겠는걸. 그렇게 부딪쳤는데도 별로 아프지 않은가 봐."

그러자 마뜨료나가 한마디 거들었다.

"저렇게 잘 사는데 어찌 튼튼하지 않겠어요? 저런 사람은 천사도 못 잡아갈 거예요."

❀❀❀

7

쎄묜은 미하일에게 말했다.

"일을 맡았으니 조금의 실수라도 하면 안 돼, 그러면 불행해지겠지. 가죽은 비싸고, 나리의 성질은 불같단 말이야.

자네는 나보다 눈도 밝고 솜씨도 좋으니 이 일을 자네에게 맡기겠네. 치수대로 가죽을 재단하게. 나는 겉가죽을 꿰매도록 하지."

미하일은 쎄묜의 말대로 신사가 가져온 가죽을 탁자 위에 펼쳐 놓고 반으로 접은 뒤 칼로 재단을 시작하였다.

마침 미하일 곁에서 그 모습을 본 마뜨료나는 순간 무슨 일을 저렇게 하나 하고 깜짝 놀랐다.

마뜨료나는 장화 만드는 일을 수없이 보아 왔기 때문에 어느 정도 만드는 법을 안다. 그런데 미하일은 장화를 만들 때와 달리 가죽을 둥글게 자르고 있었던 것이다. 마뜨료나는 한마디 하려다가 속으로 생각했다.

'아마 내가 나리의 장화를 어떻게 지으라고 했는지 잘못 알아들을 수도 있어. 나보다 미하일이 더 잘 알고 있을 테니 참견하면 방해가 될 거야.'

미하일은 가죽을 자른 뒤 바늘로 꿰매기 시작했다. 그런데 그것은 장화를 만들 때처럼 겹실이 아니라 슬리퍼를 만들 때 쓰는 홑실로 꿰매고 있었다.

마뜨료나는 그것을 보고 또 이상한 생각이 들었지만 역시 참견하지 않았다. 미하일은 한낮이 될 때까지 열심히 꿰매는 일에 집중했다.

그러는 동안 점심때가 되었다. 쎄묜이 식사를 하려고 자리에서 일어나다 보니 미하일이 장화가 아닌 슬리퍼를 한 켤레 꿰매고 있었다.

쎄몬은 너무 걱정이 되었는지 한숨을 길게 내쉬었다.

'이게 대체 어찌 된 일인가? 미하일은 지난 1년 동안 우리 집에 같이 살면서 한 번도 실수를 한 적이 없는데 하필이면 지금 이런 큰 실수를 해!

나리는 분명 굽이 높은 장화를 주문했는데 평평한 슬리퍼를 만들었으니 대체 이 일을 어쩌면 좋단 말인가. 게다가 가죽을 못 쓰게 만들어 놓고, 이걸 어쩌면 좋지? 이런 가죽은 구할 수도 없는데.'

그는 미하일에게 따지듯 말했다.

"아니, 자네. 지금 무슨 짓을 한 것인가? 나는 이젠 죽었네! 나리는 장화를 주문한 거야. 자넨 도대체 무엇을 만들어 놓았는가?"

이렇게 쎄몬이 미하일을 탓하고 있는데 마차 소리가 밖으로부터 들려 왔다. 창문으로 내다보니 누군가가 타고 온 말을 붙들어매고 있었다. 쎄몬이 문을 열자 급히 들어오는 사람은 그 나리의 하인이었다.

"안녕하십니까?"

"안녕하시오. 그런데 무슨 일로 왔나요?"

"그 장화 때문에 주인마님의 심부름을 왔습니다."

"뭐, 장화 때문에요?"

"장화는 이제 필요 없게 되었습니다. 갑자기 나리가 돌아 가셨거든요."

"아니, 뭐라고요?"

"이곳을 나와 집으로 돌아가시던 길에 나리는 마차 안에 서 숨을 거두셨습니다. 집에 도착한 즉시 내리시는 걸 도우 려고 문을 열자 짐짝처럼 나뒹굴었습니다. 이미 숨이 멎어 몸이 빳빳한 상태라 간신히 마차에서 끌어내렸죠.

여기로 마님이 저를 보내며 이렇게 말씀하셨어요. '구두 수선공에게 전해라. 아까 나리께서 주문하신 장화는 필요 없게 되었으니 대신 죽은 사람에게 신겨 들릴 슬리퍼를 빨 리 만들어 달라고 말이야.' 라고 말씀하시고는 기다렸다가 그것이 만들어지는 대로 가져 오라 했습니다."

그러자 미하일은 기다렸다는 듯이 재단하고 남은 가죽을 둘둘 말았다. 그리고 다 만든 슬리퍼를 탁탁 털어서 앞치마 에 문지른 뒤, 하인이게 내주었다. 슬리퍼를 받아 든 하인 은 인사를 하고 돌아갔다.

❀❀❀

8

세월이 흘러 미하일이 쎄묜의 집에 온 지도 어느덧 6년이 되었다. 그는 여전히 전과 다름없는 생활을 하고 있었다. 아무데도 가지 않았고 꼭 필요한 말이 아니면 하지 않았다.

그 동안 그는 두 번밖에 웃는 모습을 보이지 않았다. 한 번은 이 집에 처음 오던 날 마뜨료나가 저녁 밥상을 준비할 때였고, 다른 한 번은 장화를 맞추러 온 신사를 보았을 때였다.

쎄묜은 미하일을 마음에 들어 했다. 그래서 이제는 그가 어디서 왔는지 더 이상 물어보지 않았고 다만 가 버리면 어쩌나 하는 걱정뿐이었다.

어느 날 온 가족이 모여 앉아 있었다. 마뜨료나는 난로에 냄비를 올려 놓고 있었고, 아이들은 의자 위로 뛰어다니기도 하고 창밖을 내다보기도 하였다.

쎄묜은 창가에 앉아 구두를 꿰매고, 미하일은 다른 창가에서 굽을 붙이고 있었다.

그때 쎄묜의 작은아들이 의자를 밟고 미하일 곁으로 달려 오더니 그의 어깨를 흔들었다. 그리고 창 밖을 가리키며 말했다.

"미하일 아저씨, 저길 좀 봐요. 어떤 아줌마가 여자아이들을 데리고 우리 집으로 오고 있어요. 그런데 한 아이는 절름발이예요."

아이가 그렇게 말하자마자 미하일은 하던 일을 멈추고 창문 쪽으로 고개를 돌려 밖을 내다보았다.

쎄몬은 놀랐다. 지금까지 미하일은 창 밖을 한 번도 내다본 적이 없었다. 그런데 지금은 창문 쪽으로 얼굴을 돌려 무엇인가를 열심히 바라보고 있었다.

그래서 쎄몬도 창 밖을 내다보았다. 단정한 차림의 부인이 구둣방을 향하여 오고 있었다. 모피 코트를 입고 숄을 두른 두 여자아이와 손을 잡고 있었다.

아이들은 누가 누군지 분간할 수 없을 정도로 얼굴이 똑같았다. 그런데 다른 것은 한 아이가 왼쪽 다리를 전다.

구둣방에 도착한 부인은 현관문을 열고 아이들을 먼저 들여보낸 뒤 뒤따라 들어왔다.

"안녕하세요."

"어서 오세요. 무슨 일로 오셨는지요?"

부인은 탁자 쪽으로 가서 앉았다. 두 여자아이는 낯선지 부인의 무릎에 기댄 채 떨어질 생각을 하지 않았다.

"이 아이들이 봄에 신을 구두를 맞추려고요."

46

"아, 그래요. 작은 구두는 만들어 본 적이 없지만 잘할 수 있습니다. 밑창에 가죽 테를 대고 안에는 리넨(아마의 섬유로 짠 얇은 직물을 통틀어 이르는 말)을 대어 만들까요? 우리 집 미하일은 솜씨가 여간 아닙니다."

쎄묜은 미하일 쪽을 돌아보았다. 미하일은 일손을 멈추고 아이들에게서 눈을 뗄 줄 몰랐다. 쎄묜은 그런 미하일의 모습을 보고 놀랐다.

두 여자아이는 까만 눈동자에 뺨은 통통하고 발그스레했으며 입고 있는 모피 코트도 숄도 고급스럽고 멋진 것이었다.

마치 미하일이 전부터 아는 것처럼, 두 아이를 저토록 뚫어지게 바라보는 것은 이해할 수 없었다.

쎄묜은 이상하다고 생각하면서도 부인과 구두 값을 흥정하기 시작했다. 값을 정하고 발을 재려 할 때, 부인은 절름발이 아이를 무릎 위에 앉히며 말했다.

"두 발을 재어 주세요. 그리고 불편한 발을 먼저 한 짝만 짓고, 성한 발은 세 짝을 지어 주세요. 두 아이는 쌍둥이라 발의 크기가 같거든요."

쎄묜은 절름발이 아이의 치수를 재면서 말했다.

"이 아이는 어쩌다가 이렇게 됐나요? 정말 귀여운데. 날

때부터 그랬나요?"

"아니에요. 아이 어머니의 몸에 눌려서 이렇게 됐어요."

그때 마뜨료나가 끼어들었다. 부인은 누구이고, 쌍둥이는 누구의 자식인지가 궁금했기 때문이다. 그래서 이렇게 물어보았다.

"그럼 부인은 이 아이들의 친엄마가 아닌가요?"

"예, 나는 이 아이들의 친엄마도 아니고 친척도 아니에요. 전혀 모르는 애들을 친자식처럼 기르고 있지요."

"자기 자식도 아닌데 정말 귀여워하시네요?"

"그럴 수밖에 없지요. 두 아이를 내 젖으로 키웠으니까요. 나도 자식이 있었는데 하느님이 데려가셨어요. 그 아이는 내가 낳은 아이이지만 이 아이들만큼 가엾진 않았어요."

"그럼, 애들의 부모는 누구인데요?"

❀❀❀

9

부인은 다음과 같은 이야기를 시작했다.

"벌써 6년 전의 일입니다. 이 아이들은 태어난 지 일주일 사이에 고아가 되었습니다. 아버지는 이 아이들이 태어나기 사흘 전인 화요일에 세상을 떠났고, 어머니 역시도 태어난 지 하루만인 금요일에 세상을 떠났습니다. 그 당시 나는 남편과 농사일을 하면서 살았었습니다.

애들의 부모는 이웃집에 살았었습니다. 애들의 아버지는 어느 날 홀로 숲에서 나무를 자르다 자르던 나무에 덮쳐 그만 깔리고 말았습니다. 간신히 집으로 옮기긴 했지만 곧 세상을 떠나버렸습니다.

바로 그 주에 그의 아내는 쌍둥이를 낳았습니다. 이 아이들이 그 애들이지요. 몹시 가난한데다가 돌보아 줄 일가 친척도 없었습니다. 그야말로 혼자서 낳고 혼자서 죽어간 거지요.

다음날 아침에 궁금해서 내가 그 집에 들러 보니 가엾게도 어머니는 숨이 끊어져 있었습니다.

그때 어머니가 죽으면서 이 아이 위로 쓰러지는 바람에 한쪽 다리가 짓눌려 못 쓰게 된 것입니다.

마을 사람들이 모여 시신을 깨끗이 씻기고 옷을 입힌 다음 관을 만들어 장사를 지냈습니다. 모두 고마운 사람들이었지요. 이제 두 갓난애만 남게 되었습니다. 그런데 어디로 보낼까 고민하던 차에, 마침 마을 여자들 중에 젖먹이가 있는 것은 나 혼자뿐이었습니다.

나는 8주밖에 안 된 젖먹이 아들이 있었지요. 그래서 내가 잠시 이 아이들을 돌보게 되었습니다.

마을 사람들이 모여 이 아이들을 앞으로 어떻게 할 것인가를 놓고 의논하던 끝에 이렇게 말을 하며 두 아이를 부탁했습니다.

'마리아, 당신이 당분간 이 아이들을 맡아 주겠어요? 그동안 우리가 대책을 세워 보겠어요.'

그래서 나는 건강한 아이에게만 젖을 주고 다리를 못 쓰는 아이에겐 살 것 같지 않아 젖을 주지 않을 생각이었습니다. 그것은 이 아이가 도저히 살아날 가망이 없다고 생각했기 때문입니다. 하지만 죄 없는 어린 영혼이 불쌍하게 여겨졌습니다. 나는 이 아이에게도 젖을 주기 시작했습니다. 그래서 내 아이와 이 두 아이, 이렇게 세 아이에게 젖을 먹여 키운 것입니다!

그때만 해도 나는 젊고 건강했을 뿐만 아니라 먹기도 잘해서 젖이 풍부했습니다. 하느님의 은총으로 젖은 흘러 넘쳤습니다. 두 아이에게 젖을 물리다가 한 아이가 젖꼭지를 놓으면 기다리던 아이에게 젖을 물렸답니다. 이렇게 하느님의 뜻으로 두 아이는 잘 키웠으나 정작 내 아이는 두 살 되던 해에 죽고 말았습니다. 그런 후로 다시는 저희 부부에게 자식을 주지 않으셨습니다.

점점 재산이 늘자 생활은 나아졌습니다. 지금 나의 남편은 이 마을 방앗간에서 일하고 있습니다. 벌이가 좋아져 여유가 생겼지만 내가 낳은 아이는 없답니다.

정말이지 이 두 아이가 없었다면 무슨 재미로 살아가겠어요! 그러니 어찌 애들을 사랑하지 않을 수 있겠어요. 애들은 내게 있어서 촛불 같은걸요."

부인은 한 손으로 절름발이 아이를 안고, 또 한 손으로는 뺨으로 흐르는 눈물을 훔치기 시작했다.

마뜨료나는 한숨을 길게 내쉬면서 말했다.

"부모 없이는 살 수 있어도 하느님 없이는 살 수 없다는 말이 진정 맞는 것 같네요."

주인과 잠시 이야기를 주고받은 뒤, 부인이 가려고 일어났다. 쎄묜과 마뜨료나는 부인을 전송하며 미하일 쪽을 돌아보았다.

그런데 갑자기 그 쪽에서 섬광이 일더니 온 방안이 환하게 밝아졌다. 그는 무릎 위에 두 손을 얹고 앉은 채로 천장을 응시하며 빙그레 웃고 있었다.

❀❀❀

10

부인이 두 아이를 데리고 나가자 쎄몬은 미하일의 곁으로 다가가 물었다.

미하일은 일손을 멈추고 의자에서 일어나더니 앞치마를 벗었다. 그리고 마뜨료나에게 허리를 굽혀 인사를 했다. 그런 다음, 이렇게 말했다.

"쎄몬 아저씨, 그리고 마뜨료나 아주머니, 이제 떠날 때가 되었습니다. 하느님께서 용서하셨으니 두 분께서도 용서해 주시기 바랍니다."

쎄몬과 마뜨료나는 미하일의 몸에서 빛이 나는 것을 보았다. 쎄몬은 미하일에게 머리를 숙이며 말했다.

"미하일, 나도 알고 있네. 자네가 보통 사람이 아니라는 것과, 자네를 붙잡아 둘 수 없다는 것과, 그 이유를 물어볼 수도 없다는 것을 말이야.

그렇다고 해도 하나만 알려 주게. 내가 자네를 처음 발견하여 집으로 데려왔을 때 자네의 표정은 몹시 어둡기만 했네. 그런데 아내가 저녁 밥상을 차려 주자 밝은 표정으로 빙그레 웃었지, 그 이유가 무엇인지 궁금하네. 그 후 나리가 장화를 주문했을 때 자네는 두 번째로 빙그레 웃었고,

조금 전 부인이 아이들을 데리고 왔을 때 세 번째로 빙그레 웃으니 온몸에서 빛이 났다네.

미하일! 왜 자네의 몸에서 빛이 난 것이며, 왜 세 번밖에 웃지 않았는가?"

미하일이 대답했다.

"제 몸에서 빛이 나는 것은 제가 하느님의 벌을 받았다가 이제 용서 받았기 때문입니다. 또 제가 세 번밖에 웃지 않은 것은 하느님의 세 가지 말씀을 깨달아야만 했기 때문입니다. 이제 저는 하느님의 그 세 가지 말씀을 깨닫게 되었습니다. 한 가지 말씀은 아주머니께서 나를 가엾게 생각하셨을 때 깨달았습니다. 그래서 처음으로 웃었습니다.

또 한 가지 말씀은 부자 나리께서 장화를 주문하러 왔을 때 깨닫게 되었습니다. 그래서 두 번째로 웃었습니다.

그리고 마지막 세 번째 말씀은 조금 전 두 여자아이를 보았을 때 깨닫게 되었습니다. 그래서 세 번째로 웃었습니다."

쎄묜이 다시 물었습니다.

"그런데 미하일, 자네는 무슨 죄로 하느님의 벌을 받았나? 내가 지금 알고 싶은 것은 그 세 가지 말씀이라네."

미하일이 대답했다.

"제가 벌을 받은 것은 하느님의 말씀을 따르지 않았기 때문입니다. 저는 하늘 나라의 천사였는데 하느님의 말씀을 어겼습니다.

제가 하늘 나라의 천사로 있을 때 어느 여자의 영혼을 가지고 오라는 하느님의 말씀이 있었습니다. 그래서 인간 세상으로 내려와 보니 그 여자는 심하게 병이 든 상태에서 쌍둥이를 낳은 것입니다.

갓난아기들은 엄마 품에서 꼼지락거리고 있는데 엄마는 젖을 줄 힘조차 없었습니다. 여자는 나를 보자 하느님이 보내셨다는 것을 알아차리고는 구슬피 울면서 애원했습니다.

'천사님! 제 남편은 숲 속에서 나무를 자르다가 깔려 죽었습니다. 그래서 바로 며칠 전에 장례를 치렀어요. 내게는 이 아이들을 키워 줄 일가 친척도 없습니다. 제발 내 손으로 키울 수 있게 내 영혼을 거두어 가지 마세요. 아이들은 부모 없이는 살 수 없습니다.'

이 말을 듣고 나는 한 아이에게 그녀의 젖을 물려 주고, 한 아이는 그녀의 팔에 안겨 준 뒤 하늘 나라로 올라갔습니다. 그리고 하나님께 말했습니다.

'하느님! 차마 산모의 영혼을 가져올 수 없었습니다. 남편은 나무에 깔려 죽었습니다. 그녀는 방금 쌍둥이를 낳고 기진맥진한 상태에서 그저 자기의 영혼을 거두어 가지 말아 달라고 애원했습니다. 아이들은 부모 없이 살 수 없으니 자기 손으로 키우게 해 달라고 말입니다. 그래서 저는 도저히 산모의 영혼을 가져 오지 못했습니다.'

그러자 하느님께서는 이렇게 말씀하셨습니다.

'다시 가서 산모의 영혼을 거두어 오너라. 그러면 사람의 마음속에는 무엇이 있는가. 사람에게 허락되지 않은 것은 무엇인가. 사람은 무엇으로 사는가. 이 세 가지 물음에 대한 뜻을 깨닫게 되는 날, 너는 다시 하늘 나라로 돌아오게 될 것이다.'

나는 다시 세상으로 내려와 산모의 영혼을 거두었습니다.

갓난아이들은 어머니의 품에서 떨어졌습니다. 그때 침대 위에 늘어진 어머니의 시체가 한 아이를 짓누르는 바람에 그 아이는 한쪽 다리를 못 쓰게 되었습니다. 나는 여자의 영혼을 데리고 하느님께 올라가려고 했습니다. 순간 바람이 거세게 휘몰아치더니 제 날개를 꺾어 버렸습니다. 저는 그때 땅으로 추락하여 어느 교회의 담 밑에 버려지고 그 여자의 영혼만 하느님께로 간 것입니다."

❀❀❀

11

쎄묜과 마뜨료나는 자기들이 먹이고 입혀 준 사람이 누구인지, 자기들과 함께 살아온 사람이 누구인지 그 정체를 알자 두려움과 기쁨의 눈물을 흘렸다.

천사는 이야기를 계속했다.

"나는 홀로 벌거숭이가 된 채 버려져 있었습니다. 그때까지 나는 인간의 가난도 추위도 굶주림도 모르는 상태에서 어느 날 갑자기 인간이 되어 버린 것입니다. 배가 너무 고프고 몸이 얼어붙자 무엇을 어떻게 해야 할지 몰랐습니다.

때마침 벌판에서 하느님을 섬기는 교회를 발견하고 그리로 갔습니다. 그러나 문이 잠겨 있어 안으로 들어갈 수는 없었습니다. 그래서 나는 바람이라도 피하려고 교회 담에 기대어 있었습니다. 날이 저물자, 배는 점점 더 고프고 날이 너무 추운데다 온몸까지 쑤셔 이젠 거의 죽을 지경이었습니다.

그때 어디선가 사람의 발소리가 들렸습니다. 손에 신발을 든 한 남자가 장화를 신고 걸어오면서 중얼거렸습니다.

내가 사람이 되어 처음으로 본 것은 너무 무서운 얼굴이었습니다. 그래서 얼굴을 돌리고 말았습니다. 그 남자는 무엇을 입고 이 추운 겨울을 견디어야 할지, 어떻게 하면 처자식을 먹여 살려야 할지를 중얼거리고 있었습니다.

그때 나는 생각했습니다.

'저기 오는 사람은 오직 자신과 아내가 입을 모피 코트와 가족들에게 먹일 빵이 없어서 걱정이다. 그러니 배고프고 추워서 죽을 지경인 나를 도와줄 리 없어.'

그 사람은 나를 보자 얼굴을 찌푸리며 더욱 무서운 표정으로 나를 지나쳐 갔습니다. 나는 몹시 맥이 빠졌습니다.

그런데 순간 그 사람이 되돌아오는 소리가 들렸습니다. 조금 전에 본 그 사람이 아닌 것 같았습니다. 죽음의 그림자는 사라지고 얼굴에는 생기가 돌았습니다. 나는 그 얼굴에서 하느님의 모습을 보았습니다. 그 사람은 내 곁으로 다가와 옷을 입혀 주고는 자기의 집으로 데려갔습니다.

집에 도착하자마자 한 여자가 잔소리를 퍼붓기 시작했는데 그 여자는 남자보다 더 무시무시한 얼굴을 하고 있었습니다.

입에서는 죽음을 부르는 독기가 뿜어져 나오고 있었습니다. 나는 그 독기 때문에 숨을 쉴 수 없었습니다. 여자는 나를 추운 밖으로 내치려 했습니다. 만약 나를 내쳤더라면 여자는 죽고 말았을 것입니다. 그것을 나는 잘 알고 있었으니까요. 그때 갑자기 남편이 하느님에 대한 얘기를 하자 여자의 태도가 곧 누그러졌습니다. 그런 후로 우리에게 줄 저녁 준비를 했습니다.

내가 다시 여자를 보았을 때 그 여자의 얼굴에는 이미 죽음의 그림자가 사라지고 대신에 생기가 돌았습니다. 나는 그 얼굴에서 하느님의 모습을 보았습니다.

그때 나는 '사람의 마음속에 있는 것이 무엇인지 알게 되리라.'는 하느님의 첫 번째 말씀이 떠올랐습니다. 그리고 사람의 마음속에 있는 것이 '사랑'이라는 것을 깨달았습니다. 나는 하느님의 말씀이 생각나기에 너무 기뻐서 빙그레 웃은 것입니다.

그러나 하느님의 두 가지 말씀은 알 수가 없었습니다. 사람에게 주어지지 않은 것이 무엇인가. 그리고 사람은 무엇으로 사는가. 이 말씀은 깨닫지 못했습니다.

이 집에서 산지 1년이 지난 어느 날, 한 남자가 찾아와서 1년을 신어도 모양이 변하거나 터지지 않는 그런 장화를 만들어 달라고 했습니다. 나는 그 사람을 보고 그의 등 뒤에 내 친구인 죽음의 천사가 서 있는 것을 발견했습니다. 나 외에는 아무도 그 천사를 보지 못했지만, 나는 날이 저물기 전에 그 천사가 부자의 영혼을 데려갈 거라는 낌새를

챘습니다. 그래서 생각했습니다.

'이 사람은 1년을 신어도 끄떡없는 장화를 미리 주문하고 있지만 정작 오늘 저녁 안으로 죽는다는 사실을 모른다.'

그때 나는 '사람에게 주어지지 않은 것이 무엇인가'라는 하느님의 두 번째 말씀을 떠올렸습니다.

사람의 마음속에 무엇이 있는지를 알게 된 후, 이번엔 사람에게 주어지지 않은 것이 무엇인지를 또 깨닫게 된 것입니다. 사람은 미래에 필요한 것이 무엇인지 알아챌 능력이 없다는 것입니다. 그래서 나는 두 번째로 빙그레 웃었습니다. 나의 친구이던 천사를 만난 것도 기뻤고 하느님께서 두 번째 말씀을 깨우쳐 주신 것도 기뻤습니다.

그러나 나는 아직 전부를 깨닫지는 못했습니다. '사람은 무엇으로 사는가.' 하는 문제를 아직 깨닫지 못한 것입니다. 그래서 나는 이 집에 살면서 하느님의 마지막 말씀을 깨닫기 위해 기다리고 있었던 것입니다.

어느덧 6년이 흐른 오늘, 어떤 부인이 쌍둥이 여자아이들을 데리고 이곳에 왔습니다. 나는 그 아이들이 죽지 않고 살아 있음을 한눈에 알았습니다. 바로 내가 영혼을 거둔 여자의 아이들이었습니다. 그래서 속으로 생각했습니다.

'자식을 위해 살려 달라고 애원하던 그 어머니의 말을 믿고 나는 부모 없이는 아이들이 못 사는 줄 알았다. 그러나 이렇게 남이 젖을 먹여 건강하게 키우지 않았는가!'

그 부인이 자기의 배로 낳지도 않은 남의 자식을 가엾게 생각하고 눈물을 흘렸을 때, 그 속에 살아 계신 하느님의 모습을 발견했습니다.

그리고 사람은 무엇으로 사는지를 깨닫게 되었습니다. 하느님께서 나에게 마지막 말씀을 깨우쳐 주시고 나를 용서해 주신 것입니다. 그래서 나는 세 번째로 웃은 것입니다."

❀❀❀

12

그가 말을 끝내자마자 몸은 벌거숭이인 천사의 모습으로 돌아가고 이내 온몸이 빛으로 둘러싸였다.

쎄묜과 마뜨료나는 그의 모습에 눈이 부셔서 똑바로 쳐다볼 수 없었다.

그는 더 큰 소리로 말했다. 그 소리는 그의 입에서 나오는 것이 아니라 마치 하늘에서 울려 퍼지는 목소리 같았다.

천사 미하일은 말을 이었다.

"모든 사람은 자신에 대한 걱정만으로 살아가는 것이 아니라 사랑으로 살아간다는 것을 알게 되었습니다.

그 어머니에게는 아이들이 살아가는 데 필요한 것이 무엇인지를 알 만한 능력이 주어지지 않았습니다.

그 부자 나리에게는 자기에게 무엇이 필요한가에 대한 능력이 주어지지 않았습니다.

그 사람에게는 1년 동안 신어도 끄떡없는 장화가 필요한 것인지, 그날 저녁 관 속에서 신을 슬리퍼가 필요한 것인지, 그걸 알 만한 능력이 주어지지 않은 것입니다.

내가 사람의 몸으로 살아 남게 된 것은 나 자신에 대한 걱정에서 비롯된 것이 아니라 길을 지나가던 사람과 그 아내의 마음속에 사랑이 있어 나를 불쌍히 여겼기 때문입니다.

그리고 두 고아가 살아 남게 된 것도 그들 자신의 걱정에 의해서가 아니라, 어느 한 여자의 마음속에 사랑이 있어 그들을 가엾게 여겼기 때문입니다.

이처럼 모든 사람은 자기 자신의 걱정에 의해서가 아니라 마음속의 사랑으로 살아가고 있는 것입니다.

지금까지 나는 하느님께서 사람에게 생명을 주시어 그들이 잘살아 가기를 바라는 것으로 알고 있었습니다. 그런데 지금은 또 다른 한 가지를 더 깨닫게 되었습니다.

톨스토이의 교육적인 이야기 *61*

하느님께서는 사람들이 자기만을 위해 떨어져 사는 것을 원하지 않으셨기 때문에 각자 자기에게 필요한 것이 무엇인지 그 능력을 주시지 않았습니다. 대신 서로 모여 살아가기를 원했기 때문에 사람들에게 모두를 위해서 필요한 것이 무엇인지를 가르쳐 준 것입니다.

사람들이 자기 자신에 대한 걱정으로 살아간다고 생각하지만 사실은 자기 생각일 뿐, 오직 사랑의 힘으로 살아간다는 것을 나는 비로소 깨닫게 되었습니다.

사랑으로 살아가는 사람은 하느님 안에 사는 사람입니다. 다시 말해 하느님은 그 사람 안에 계십니다. 하느님은 곧 사랑이기 때문입니다."

이렇게 말하고 천사는 하느님에 대한 찬송가를 부르기 시작했다. 그러자 그 목소리에 쎄몬의 집이 흔들리고 천장이 갈라지면서 갑자기 한 줄기 불기둥이 하늘로 치솟아 올랐다.

쎄몬 부부와 아이들은 바닥에 엎드렸다. 미하일의 등에서 날개가 돋아나더니 미하일 천사는 하늘로 날아 올라갔다.

쎄몬이 정신을 차리고 보니 집은 전과 다름없었다. 그리고 방 안에는 그들 가족 외에 아무도 없었다.

참회(懺悔)하는 죄인

참회(懺悔)하는 죄인

📖 "예수여 당신의 나라에 들어설 때 저를 꼭 기억하여 주십시오." 하고 간청하였습니다. 예수께서 이르시되 "오늘 네가 나와 함께 낙원에 있을 것이다." 하고 대답하셨다.

(누가 복음서 23:42~43)

옛날 어느 마을에 70세의 노인이 있었다. 그는 평생을 온갖 죄악 속에서 살았다.

그러던 어느 날 병이 들어 자리에 눕게 되었는데 그 순간에도 노인은 뉘우칠 줄 몰랐다. 마침내 죽을 때가 다가오자 그 사람은 울면서 자기의 죄를 하느님께 빌었다.

"주여, 당신께서 십자가에 매달려 죄를 용서했듯이 저도 용서하여 주시옵소서!"

이 말이 끝나기가 무섭게 그의 영혼은 육체를 떠났다. 죄인의 영혼은 하느님에 대한 사랑을 느꼈다. 그리고 하느님의 자비를 믿었기 때문에 천국의 문 앞으로 다가섰다. 죄인은 힘껏 문을 두드리며 천국으로 가게 해 달라고 간청을 했다. 그러자 천국의 문 안쪽에서 어떤 목소리가 들려왔다.

"지금, 누가 천국의 문을 두드렸는가? 그렇다면 이 사람은 살아생전에 무슨 일을 했느냐?"

그러자 천국의 문지기가 대답했다. 문지기는 이 사람이 저지른 온갖 죄악을 빠짐없이 말했다. 그러나 착한 일은 하나도 말하지 않았다. 그러자 천국의 문 안쪽에서 어떤 목소리가 들려왔다.

"너는 죄를 너무 많이 지었구나! 죄인은 천국으로 들어올 수 없다. 그러니 어서 물러가라."

죄인이 다급히 말했다.

"주여! 당신의 목소리는 들리오나 얼굴도 이름도 모르겠나이다."

그러자 천국의 문 안쪽에서 다시 어떤 목소리가 들려왔다.

"나는 사도 베드로다."

이 말을 들은 죄인이 말했다.

"나를 불쌍히 여겨 주십시오, 사도 베드로님. 인간이 약하다는 것과 하느님의 자비로움을 다시 한 번 생각해 주십시오. 당신은 그리스도의 제자로서 그분의 가르침을 듣지도 못하셨습니까? 그분의 의로운 생활을 보지도 못하셨습니까? 이런 일을 다시금 생각해 보십시오. 언젠가 예수님이 괴롭고 슬플 때 당신에게 말했지요. 자지 말고 기도하라며 세 차례나 당부하신 적이 있을 것입니다. 그런데 당신은 졸음을 떨치지 못하고 잠이 들었습니다. 그분은 당신이 잠자는 것을 세 번씩이나 보았습니다. 나도 그와 다를 바가 없습니다. 그리고 이런 일도 있었지요. 당신은 당장 죽음이 눈앞으로 닥쳐온다고 해도 그분을 모른 체하지 않겠다고 약속했습니다. 그러고도 그분이 가야파 앞으로 끌려갔을 때 세 번이나 모른다고 했습니다. 나도 그와 다를 바가 없습니다. 그리고 또 이런 일을 생각해 보십시오. 당신은 닭이 울기 시작하자 밖으로 나와 비통한 마음으로 울었습니다. 나도 그와 다를 바가 없습니다. 그러니 당신은 나에게 천국의 문을 열어 주지 않을 수 없습니다."

그러자 천국의 문 안쪽은 잠잠해졌다. 침묵이 흘렀다. 잠시 서 있던 죄인은 다시 문을 두드리며 천국으로 가게 해 달고 간청했다. 그러자 천국의 문 안쪽에서 어떤 목소리가 들려왔다.

"저 사람은 누구인가? 저 사람은 세상에서 어떻게 살았느냐?"

천국의 문지기가 대답했다. 그는 또다시 죄인의 온갖 나쁜 짓을 빠짐없이 말했다. 그러나 착한 일은 하나도 말하지 않았다. 그러자 천국의 문 안쪽에서 어떤 목소리가 들려왔다.

"썩, 물러가라. 그런 죄인은 우리와 함께 천국에서 살 수 없느니라."

죄인이 다급히 말했다.

"주여! 당신의 목소리는 들려옵니다. 그러나 얼굴도 보이지 않고 이름도 모르겠나이다."

천국의 문 안쪽에서 어떤 목소리가 다시 말했다.

"나는 예언자 다윗 왕이다."

죄인은 실망하지 않고 천국의 문 앞으로 다가서서 말하기 시작했다.

"다윗 왕이시여, 나를 불쌍히 여겨 주십시오. 그리고 사람의 나약함과 하느님의 자비로움을 생각해 보십시오. 하느님은 당신을 사랑하시어 다른 사람들 앞에서 칭찬해 주셨습니다. 당신은 모든 것을 가지고 있었습니다. 왕국도 명예도 돈도 처자식도. 그런데 당신은 정상의 자리에서 가난한 사람의 아내를 발견하고 죄를 마음속에 품었습니다. 그런 후로 그의 아내를 취하고 아몬 자손의 칼로 그를 죽였습니다. 당신은 부족함을 모르고 살면서도 정녕 가난한 사람이 가장 소중하게 여기는 마지막 양을 빼앗고 그 사람을 죽여 버렸습니다. 나도 그와 같은 짓을 해온 것입니다. 그리고 그 후에 당신이 어떻게 회개했는지 생각해 보십시오. '나는 내가 지은 죄를 알고 있으며, 그것을 몹시 슬퍼한다.' 고 당신은 말했습니다. 나도 그와 다를 바가 없습니다. 그러니 당신은 나에게 천국의 문을 열어 주지 않을 수 없습니다."

그러자 천국의 문 안쪽은 잠잠해졌다. 침묵이 흘렀다. 잠시 서 있던 죄인은 다시 문을 두드리며 천국으로 가게 해 달고 간청했다. 그러자 천국의 문 안쪽에서 세 번째 목소리가 말했다.

"저 사람은 누구인가? 저 사람은 세상에서 어떻게 살았느냐?"

천국의 문지기가 대답했다. 그는 세 번째에도 죄인의 나쁜 짓만을 빠짐없이 말할 뿐 착한 일은 하나도 말하지 않았다. 그러자 천국의 문 안쪽에서 어떤 목소리가 말했다.

"어서 물러가라. 너 같은 죄인은 천국에 들어올 수 없다."

죄인이 또다시 물었다.

"당신의 목소리는 들리오나 얼굴도 모르고 이름도 모르겠나이다."

천국의 문 안쪽에서 어떤 목소리가 대답했다.

"나는 그리스도의 제자로서 사랑을 받던 예언자 요한이다."

이 말을 들은 죄인은 기뻐하며 말했다.

"드디어 나를 천국으로 보내실 때가 되었습니다. 베드로와 다윗은 사람의 나약함과 하느님의 자비를 알고 있으므로 나를 들여보내 줄 것입니다. 당신도 나를 들여보내 주실 것입니다. 그것은 당신의 마음속에 많은 사랑을 가지고 있기 때문입니다. 예언자 요한님, 당신은 당신이 쓴 책에서 하느님은 곧 사랑이며, 사랑하지 않는 자는 하느님을 모른다고 쓰셨습니다. 늙어서는 '형제들이여, 서로 사랑하라!'고 하신 것도 당신이 아니었습니까? 그런 당신이 이제 와서 어떻게 나를 밉다고 쫓아낼 수 있습니까? 당신이 했던 말을 부인하든지, 아니면 나를 사랑하여 천국으로 보내든지 하십시오."

그러자 천국의 문이 열렸다. 요한은 참회하는 죄인을 끌어안았다. 그리고 천국으로 들어오게 했다.

두 형제와 금화

두 형제와 금화

　옛날 아주 먼 옛날 예루살렘의 인근에 형인 아파나시와 동생인 요한이 살고 있었다. 두 형제는 산속에 살면서 마을 사람들이 주는 음식을 먹고 살았다.

　그들은 빈둥거리면서 놀고 먹는 것이 아니라 하루하루 어려운 사람들의 일을 거들며 나날을 보냈다.

　일이 힘겨워 고통을 당하는 사람, 몸이 아픈 병자, 불쌍한 고아나 과부들이 있는 곳을 찾아가 품삯도 받지 않은 채 일을 해 주었다.

　이렇게 일주일 내내 떨어져서 남의 일을 돕던 두 형제는 토요일 저녁이 되어야 비로소 집에서 만날 수 있었다.

　그들 형제는 일요일이 되면 밖으로 나가지 않고 하루 종일 집 안에서 기도와 이야기로 시간을 보냈다.

　그러다가 월요일이 되면 다시 자기들이 가야 할 곳을 찾아 떠났다.

이렇게 여러 해를 지내는 동안 하늘에 있는 천사도 주말이면 매주 형제들을 찾아와 축복해 주었다.

그러던 어느 월요일이었다. 형제는 각자 일을 하러 가기 위해 집을 나섰다.

그때 형인 아파나시가 사랑하는 동생과 헤어지기 섭섭했는지 걸음을 멈추고 뒤돌아보았다.

그러나 요한은 머리를 숙이고 자기가 가야 할 곳으로 걸어갈 뿐 뒤돌아보려고 하지 않았다.

그런데 갑자기 요한이 가던 발길을 멈추고 무엇을 발견한 듯 시선을 한곳으로 집중시켰다.

잠시 후 요한은 그곳을 향하여 다가갔다. 순간 놀라는 듯 옆으로 물러서더니 산 아래로 마구 뛰어 내려갔다. 그러다가 이번에는 마치 맹수에게 쫓기기라도 하듯 산 위로 뛰어 올라갔다.

아파나시는 동생을 놀라게 한 것이 무엇인지를 알아보기 위해 그쪽으로 황급히 가 보았다.

그때 무엇인가 햇빛에 반짝이고 있는 것이 보였다. 좀 더 가까이 가 보니 풀이 우거진 곳에 누가 놓고 간 것처럼 금화가 잔뜩 쌓여 있었다.

아파나시도 놀라기는 마찬가지였다. 그런데 더 놀란 것은 동생이 금화를 보고 도망쳤다는 사실이다.

'동생이 무엇 때문에 그렇게 놀라서 도망쳤을까?' 하고 아파나시는 의아스럽다는 듯 생각했다.

'금화 자체에 무슨 죄가 있는 것인가? 죄는 그것을 가진 사람에게 있는 거지.

금화는 가진 사람에 따라 악한 일을 만들 수도 있고 선한 일을 만들 수도 있다. 이 금화만 가진다면 고아와 과부들에게 먹을 것을 줄 수 있고, 헐벗은 사람들에게 옷을 입힐 수 있다. 그리고 병이 들었거나 아픈 사람에게 병을 고쳐 주거나 약을 줄 수 있다.

지금 우리 형제는 어려운 사람들을 위해 일하고 있지만 몸으로 돕는다는 것은 한계가 있어. 그래 이 금화만 있으면 더 많은 사람들에게 도움을 줄 수 있지.'

아파나시는 이런 생각을 전하려고 동생을 불렀다. 그러나 요한은 들리지도 않을 만큼 먼 곳으로 가버리고, 그 모습만이 무당벌레처럼 저쪽 산등성이에서 보일 듯 말 듯 희미하게 보일 뿐이었다.

아파나시는 웃옷을 벗어 자기가 가지고 갈 수 있을 만큼의 금화를 싼 뒤 그것을 어깨에 메고 시내로 갔다.

그는 여관이 보이자 그곳에 들러 주인에게 금화를 맡기고 다시 남아 있는 금화를 가지러 갔다.

그렇게 금화를 다 옮기고 난 아파나시는 상인이 가지고 있던 시내의 땅을 샀다. 그런 다음 돌과 목재를 사고 일꾼들을 모아 집 세 채를 짓기 시작했다.

아파나시는 집 세 채를 짓는 동안 시내에서 석 달을 머물렀다. 세 채 중에 한 채는 고아들과 과부를 위한 양육원이고, 또 한 채는 병들고 몸이 불편한 사람들에게 치료와 재활을 돕는 병원이고, 나머지 한 채는 순례자와 집도 없이 떠도는 사람들이 편히 묵을 수 있는 집이다.

아파나시는 집을 관리하기 위해 믿음이 두터운 세 명의 노인을 골랐다. 그 세 명의 노인 중에 한 분은 양육원, 한 분은 병원, 나머지 한 분은 순례자의 집을 맡게 했다.

그렇게 금화를 쓰고도 아파나시에게는 삼천 닢이 남아 있었다. 그래서 그는 세 명의 노인에게 천 닢씩 나누어 준 뒤 가난한 사람들을 위해 쓰도록 했다.

곧 세 채의 집에는 사람들로 가득 찼다. 사람들은 아파나시가 한 일을 놓고 칭찬하기 시작했다. 이것을 본 아파나시는 기뻐하며 이곳을 떠나고 싶지 않았다.

그러나 아파나시는 동생을 사랑하기 때문에 기쁨을 뒤로하고 사람들과 작별 인사를 했다.

그는 시내로 올 때 입고 온 옷을 그대로 입은 것은 물론 한푼도 챙긴 것 없이 자기가 살던 집으로 발길을 돌렸다.

아파나시는 산 가까이에 있는 자기 집에 다다르자 이렇게 생각했다.

'동생이 금화를 보고 놀란 듯 달아난 것은 잘못된 생각이다. 역시 내가 잘한 것이 아닐까?'

아파나시가 이런 생각을 하면서 걸을 때 갑자기 눈앞에 무엇이 보였는데, 그것은 늘 그들 형제를 축복해 주던 바로 그 천사였다.

그 천사가 길 앞에 서서 자신을 나무라듯 무서운 눈으로 쳐다보고 있었다. 그것을 본 아파나시는 제정신이 아닌 상태에서 이렇게 말했다.

"왜 그런 눈으로 보십니까?"

천사가 대답했다.

"너는 여기서 떠나라. 너는 동생과 함께 살 자격이 없다. 네 동생이 금화를 보고 놀라 달아난 행동은 네가 금화를 써서 한 일보다 더 값진 행동이다."

그 말을 들은 아파나시는 수없이 많은 과부와 고아들을 돌보아 준 일, 수없이 많은 병자와 몸이 불편한 사람들을 돌보아 준 일, 수없이 많은 가난한 사람과 순례자를 도와

준 일에 대하여 하나하나 천사에게 말했다.

그러자 그 말을 들은 천사가 이렇게 말했다.

"그건 너를 유혹하기 위해서 악마가 그곳에 금화를 갖다 놓은 것이고, 너에게 그렇게 하라고 한 것에 불과하다."

그러자 아파나시는 천사의 말을 듣고 순간 양심에 가책을 받았다. 그는 자기가 한 행동이 하느님을 위한 길이 아님을 마음속 깊이 깨닫자, 눈물로 뉘우치기 시작했다.

그때 천사가 그 모습을 보고 조용히 옆으로 비켜서며 길을 열어 주었다. 천사가 길을 열어 주자 그 길에는 요한이 형을 반기며 서 있었다.

그 후 아파나시는 금화를 던져 주는 악마의 유혹에 넘어가지 않으려고 무진 애를 썼다.

그는 생각했다. 하느님을 섬기며 사람을 돕는 길은 금화가 아니라 오직 몸으로 하는 일임을 깨닫게 되었다.

그래서 두 형제는 전처럼 몸으로 일을 하며 하루하루를 살아갔다.

작은 악마와 농부

작은 악마와 농부

어느 가난한 농부가 아침 일찍 끼니도 거른 채 빵 한 조각을 챙겨 밭으로 나갔다. 농부는 수레에서 쟁기를 내린 뒤 수레는 덤불 밑에 끌어다 놓았다. 그리고 그 위에 빵을 놓고는 까푸탄으로 덮어 두었다.

한참 밭을 갈고 나니 말도 지치고 농부도 배가 출출했다. 농부는 말에서 쟁기를 풀어 땅에 꽂아 두고 말은 풀을 뜯어 먹게 했다. 그러고는 자기도 점심을 먹기 위해 수레가 있는 쪽으로 갔다.

농부가 까푸탄을 들추었을 때 빵은 보이지 않았다. 그래서 농부는 그 근처를 찾아보기도 하고 까푸탄을 뒤집어 털어 보기도 했다. 그렇지만 빵은 어디에도 없었다. 농부는 놀라기도 하고 의아스럽기도 해서 이렇게 저렇게 곰곰이 생각했다.

'참 이상하다. 분명 온 사람이 없는데 누가 빵을 가져갔을

까?'

　사실, 범인은 작은 악마였다. 농부가 밭을 갈고 있는 동안 작은 악마가 빵을 훔쳐 가지고 덤불 뒤에 숨었다. 그리고 농부가 어떻게 하는지를 지켜보고 있었다.

　작은 악마는 농부가 화를 내며 마구 욕하기를 목이 빠지게 기다리고 있었다. 그렇게 하면 큰 악마가 기뻐할 것 같아서 그런 것이다.

　농부는 슬픈 생각이 들었다.

　"하는 수 없지. 설마 굶어 죽기야 하겠어! 누군지는 몰라도 나보다 더 배가 고픈 사람이 가지고 갔겠지. 이왕 이렇게 된 마당에 아무나 잘 먹게 내버려 두자!"

　농부는 우물에 가서 물로 배를 채운 뒤 잠시 쉬다가 다시 말에 쟁기를 걸고 밭을 갈기 시작했다.

　농부에게 화를 내게 하여 죄를 짓게 하려던 작은 악마는 하던 일이 실패하자 당황해 하며 큰 악마에게 이야기하러 갔다.

　큰 악마 앞에 선 작은 악마는 자기가 농부의 빵을 훔쳤는데도 그는 화를 내거나 욕을 하는 대신 오히려 '자기보다 더 배고픈 사람이 먹었으면 되었지' 하고 말한 것을 큰 악마에게 전했다. 큰 악마는 몹시 화를 냈다.

"농부가 너를 이겼다면 그건 모두 네 잘못이다. 네 방법이 서툴렀기 때문이야. 만약 농부와 그의 아내에게 그런 마음이 버릇처럼 생긴다면 우리는 무슨 일을 어떻게 하며 또한 어떻게 살아가겠는가? 그런 일만큼은 그대로 내버려 둘 수 없다!

너는 다시 한 번 더 농부에게 가서 그 빵과 관련된 대가를 반드시 치르고 오너라.

만약 3년 안에 그 농부를 곤란에 빠뜨리지 못하면 너를 성수 속에 집어 넣을 것이다!"

작은 악마는 그 말을 듣고 겁에 질린 채 큰 악마 앞을 물러나왔다. 그리고 어떻게 하면 자기가 저지른 잘못을 용서받을까 궁리하기 시작했다. 그러다 좋은 생각이 떠올랐다.

작은 악마는 착하고 부지런한 사람으로 둔갑하여 농부네 집 머슴이 되었다. 그는 들어가자마자 여름철 가뭄이 들 것이니 습기가 많은 땅에 씨앗을 뿌리라고 농부에게 가르쳐 주었다.

농부는 머슴이 가르쳐 준 대로 습기가 많은 땅에 씨앗을 뿌렸다. 여름이 되자 다른 농부의 씨앗은 싹도 나기 전에 가뭄으로 다 말라죽었다. 그런데 이 농부네 만큼은 줄기와 잎이 무성하게 잘 자라 풍작을 이루었다.

농부네 곳간은 햇곡식이 나올 때까지 먹고도 남을 정도로 곡식이 가득했다.

 이듬해 머슴은 언덕 위에 씨앗을 뿌리라고 가르쳐 주었다. 그해 여름에는 비가 너무 많이 내렸다. 다른 집 농부들의 곡식은 모두 쓰러지거나 물에 잠겨 제대로 열매를 맺지 못했다. 그런데도 농부네 곡식은 언덕 위에서 자랐기 때문에 풍년이 들었다.

 농부의 곳간은 곡식으로 넘쳤다. 곡식이 너무 많아 그것을 어떻게 처분해야 좋을지 몰랐다.

 그러자 머슴은 농부에게 밀을 빻아서 술을 담그라고 일러주었다.

 술을 담근 농부는 그 술을 자기도 마시고 다른 사람들에게도 나누어 주었다.

 작은 악마는 큰 악마에게 가서 빵으로 농부에게 골탕을 먹이지 못했지만 이번에는 그 실수를 갚게 되었다고 자랑스럽게 말했다. 큰 악마는 그것을 보러 갔다.

 농부네 집에 가 보니, 농부는 부자들을 초대해 놓고 술을 대접하고 있었다.

 아내도 술 심부름을 거들었다 이때 식탁 모서리에 옷이 걸려 술잔을 엎고 말았다.

농부는 크게 화를 내며 아내를 심하게 나무랐다.

"조심했어야지, 멍청하기는! 이 좋은 술을 엎지르다니, 이게 뭐 구정물인 줄 알아? 이 안짱다리야."

작은 악마는 팔꿈치로 큰 악마를 쿡 찔렀다.

"보십시오. 이젠 저 농부도 빵 조각이 없어진 것을 아까워하는 거나 다름없어요!"

농부는 아내를 심하게 꾸짖더니 제 손으로 술을 대접했다.

어느 가난한 농부가 일을 마치고 지나가다가 농부의 집에 들렀다. 마침 사람들은 술을 마시고 있었다. 일을 하느라 지친 그 농부도 한잔 얻어 마셔 볼까 하는 생각에 군침을 삼키면서까지 기다렸다. 하지만 주인은 술을 주기는커녕 혼자서 중얼거릴 뿐이었다.

"아무에게나 술을 줄 수는 없지. 암, 그렇고말고!"

이 말을 들은 큰 악마는 만족스런 표정을 지었다. 그러자 작은 악마가 우쭐대며 말했다.

"두고 보십시오. 이것은 시작일 뿐입니다."

잘사는 농부들은 술잔을 주거니 받거니 들이켰다. 주인도 한 잔 들이켰다. 알딸딸한 상태에서 그들은 서로 비위를 맞춰 가며 입에 발린 아첨의 말을 지껄여 댔다.

큰 악마는 열심히 듣고 있다가 작은 악마를 칭찬했다.

"만약 저 술 때문에 정신없이 아첨을 하고 서로를 속이게 된다면 그땐 저들이 우리 편이 된 것이나 다름없다."

그러자 작은 악마가 자신 있게 말했다.

"좀 더 두고 보십시오. 아직 멀었습니다. 저들에게 한 잔씩 더 먹여 보십시오. 지금은 서로 눈치를 보면서 여우처럼 꼬리를 흔들고 있지만, 조금 더 있으면 사나운 늑대로 변할 겁니다. 두고 보세요."

농부들은 두 잔째 술을 마셨다. 그러자 그들의 말소리는 점점 커지면서 몹시 거칠어졌다. 비위를 맞추는 아첨 대신에 그들은 서로 화를 내고 쓸데없는 참견으로 욕설을 퍼붓다 결국 싸움으로 번진다. 주인도 싸움판에 끼어들어 호되게 얻어맞았다.

큰 악마는 그 모습을 가만히 지켜보고 있었다. 이것도 마음에 든다면서 말했다.

"거참, 재미있네."

그러자 작은 악마가 말했다.

"두고 보십시오. 아직 멀었습니다! 놈들에게 한 잔씩 더 먹여 보십시오.

지금 놈들은 늑대처럼 사납게 으르렁거리지만, 한 잔 더

들어가면 당장 돼지처럼 꿀꿀거릴 겁니다."

농부들은 석 잔째 술을 마셨다. 그러자 완전히 취해 휘청거렸다. 무슨 말인지 횡설수설하고 소리까지 지르며 남의 말에는 아랑곳도 하지 않고 제멋대로 행동했다.

마침내 그들은 술기운에 집 밖으로 나왔다. 혼자서, 혹은 둘이서, 아니면 셋씩 무리를 지어 비틀비틀 거리를 휘저었다.

주인은 손님들을 보내려고 나왔다가 웅덩이에 넘어져 온몸이 더러워졌다. 그리고 돼지처럼 씩씩거리며 뒹굴었다.

이것은 큰 악마를 더욱더 기쁘게 했다.

"참으로 멋진 음료를 생각해 냈구나. 너는 빵을 훔쳐 농부에게 사악한 마음을 갖게 하려다 실패했다. 지금 그 빚을 갚게 되었다.

그런데 이 음료를 어떻게 만든 거지? 그 속에 너는 여우의 피를 넣었겠지? 그래서 농부가 여우처럼 교활해진 거다. 그리고 다음에는 늑대의 피를 넣었을 거야. 그래서 농부가 늑대처럼 사나워진 거다. 마지막으로 너는 돼지의 피를 넣었을 거야. 그래서 농부가 돼지처럼 되었다."

작은 악마가 머리를 흔들며 말했다.

"아니오, 나는 그런 짓은 하지 않았습니다. 나는 다만 곡식을 남아돌게 한 것뿐입니다.

짐승과 같은 피는 그 농부의 몸 속에 흐르고 있는 것입니다. 겨우 먹을 만큼의 곡식을 얻으면 그 피의 기운은 넘치지 않죠. 그때는 농부가 하나뿐인 빵도 크게 욕심을 내지 않았는데, 곡식이 남아돌게 되자 무슨 기분이 날 만한 일이 없을까 하는 생각을 하게 되었습니다.

그래서 내가 그 보상으로 술을 만들게 하였습니다. 농부는 하느님의 선물인 곡식으로 자기의 기분을 우쭐하게 할 술을 담갔습니다.

이때 그의 몸 속에 있던 여우와 늑대, 그리고 돼지의 성질을 가진 피가 넘쳐나도록 했습니다.

이제 술만 마시면 때와 장소를 가리지 않고 짐승처럼 행동할 것입니다.”

큰 악마는 작은 악마를 칭찬했다. 그리고 농부의 빵을 훔쳐서 놀려 주려다 실패한 그를 용서한 뒤 좀 더 높은 자리로 옮겨 주었다.

양초

양초

📖 " '눈은 눈으로, 이는 이로' 라고 하신 말씀을 너희들은 들었다. 그러나 나는 이렇게 말한다. 앙갚음하지 말아라."

(마태복음 5:38~39)

이 이야기는 아직 농노(중세 유럽의 봉건 사회에서, 평생 영주〈領主〉에 예속되어 농사를 짓던 농부. 노예와 자작농의 중간에 속함)가 해방되지 않을 때의 일이다.

그 무렵 지주들 가운데는 삶이 영원하지 않다는 것을 알기 때문에 하느님을 섬기고 농노를 불쌍히 여긴다.

그러나 그렇지 않은 사람도 있다. 이렇게 말하면 안 되겠지만 천하에 못돼먹은 놈도 있다.

그중에도 가장 못돼먹은 놈은 농노 출신의 관리로 어느

날 갑자기 미꾸라지 용 된 것처럼 높은 사람들 틈에 끼어 귀족 행세를 한다.

그놈들만큼 악질적인 관리는 없었다. 그런 놈 때문에 농부들의 생활은 가슴이 아플 정도로 비참했다.

농부들은 어느 귀족의 영지에서 소작료를 받고 일을 했다.

농지는 충분하고, 땅은 기름지고, 물도 풍부하고, 풀밭과 숲까지 우거져 지주도 농노도 아쉬운 것이 없다. 그러니 지주와 농부 사이에 그 어떤 문제도 없는 듯하다.

그때 지주는 다른 영지에 있는 농노를 마름으로 앉힌 것이다.

이 마름은 권력을 잡자 제멋대로 농부들을 괴롭히기 시작했다.

자기도 한 가정의 가장으로 아내 말고도 시집간 딸이 둘이나 되고 돈도 벌 만큼 벌었는데 말이다.

나쁜 짓을 하지 않아도 될 만큼 편히 살 수 있었다. 그러나 너무 욕심이 지나쳐 악의 구렁텅이로 빠져 든 것이다.

그는 처음부터 정해진 시간을 넘기면서까지 고되게 일을 시킨다. 게다가 벽돌 공장까지 세워 그야말로 남녀를 가리지 않고 부역을 시킨다. 그렇게 만든 벽돌은 팔아먹는다.

농부들은 모스끄바에 있는 주인을 찾아가서 마름의 횡포를 호소했으나 아무 소용이 없었다.

지주는 농부들의 말을 무시하고 그냥 쫓아냈을 뿐만 아니라 마름의 횡포를 묵인했다.

마름은 그 사실을 눈챈 후 농부들에게 앙갚음으로 불이익을 주기 시작했다.

그 때문에 농부들의 생활은 그야말로 비참한 처지에 이르게 되었다.

그런 처지에서 질이 나쁜 농부들까지 있다. 그들은 이웃 간의 일을 마름에게 고자질하여 서로가 서로를 악의 구렁텅이에 빠뜨렸다.

그러니 날이 갈수록 농부들은 서로를 믿지 못하게 되고 단결은커녕 마름의 횡포만 극심해졌다.

마름의 횡포가 심해지자 결국 농부들은 누구라고 할 것도 없이 마름을 사나운 짐승보다 더 무서운 존재로 여기게 되었다.

마름이 마차를 타고 마을을 지나갈 때면 모두 짐승과 마주친 것처럼 황급히 몸을 숨겨 그의 눈을 피했다.

마름은 그런 모습을 보고 '놈들이 날 무서워한단 말이야!' 하면서 더더욱 화를 내고 때리고 일을 시키는 것이었다.

그 때문에 농부들은 고통 속에서 헤어나지 못했다. 그 무렵에는 그런 못된 악한 자를 남모르게 죽여 버리는 일도 가끔 있었다.

그 마을 농부들도 몇몇이 뜻을 같이 하며 그런 논의를 하기 시작했다. 그들 중 배짱이 센 자가 먼저 말을 꺼냈다.

"언제까지 우리는 저 악당을 보고만 있어야 하나? 어차피 죽을 목숨인데, 그렇다면 저런 놈을 죽이고 죽는 것이 이렇게 사는 것보다 낫지!"

그러던 어느 날이었다. 그날은 부활절 전날로 농부들이 하나둘씩 숲 속으로 모였다.

마름이 지주의 숲을 말끔히 손질하라고 지시했기 때문이다.

점심 시간이 되자 사람들이 식사를 하기 위해 한자리에 모였다. 이때 논의가 시작되었다.

바실리 미나예프가 주위를 둘러보며 이렇게 말했다.

"이대로 가다가는 우리가 어떻게 살아 남겠나? 저놈이 우리 모두를 말려 죽일 작정인가 봐. 우리는 물론이고 여자들에게도 쉴 틈을 주지 않잖아.

그러니 죽을 지경이지! 게다가 조금이라도 자기 눈에 거스르는 행동을 하면 두들겨 패는 것이 일이라니. 이것이 어디 산목숨인가?

쎄몬 같은 자는 매질을 당하여 죽었지. 아니씸은 형틀에 묶여 견디기 힘든 곤욕을 치렀지. 도대체 우리가 무엇을 바라고 더 기다리겠나?

오늘 저녁 여기 와서 또 몹쓸 짓을 하거든 놈을 말에서 끌어내려 도끼로 한 방 치자고, 그러면 그걸로 모든 것은 끝이야.

그런 뒤엔 쥐도 새도 모르게 묻어 버리는 거지. 단서가 될 만한 것은 몽땅 물속에 던져 버리면 돼.

여기서 가장 중요한 것은 우리 모두 비밀을 지키는 거란 말일세!"

그는 마름에게 누구보다 증오심을 불태우고 있었다. 마름은 그를 수시로 때리는가 하면 그의 아내마저 자기 집 하녀로 삼았기 때문이다.

이렇게 농부들은 서로 이야기를 나누었다.

저녁이 되자 마름이 왔다. 그는 말을 타고 왔는데 느닷없이 나무를 그렇게 자르면 안 된다고 트집을 잡아 크게 야단쳤다.

그는 나무 더미 속에서 보리수 한 그루를 찾아냈다.

"누가 자르라고 했나? 나는 보리수를 자르라고 한 적이 없는데, 어서 말해! 말 안 하면 모조리 가만두지 않겠다."

마름은 누가 보리수를 자른 것인지 각자 맡은 구역을 조사하기 시작했다.

그러자 누군가가 시도르의 구역이라고 말했다. 마름은 시도르의 얼굴을 피투성이가 되도록 때렸다.

나무를 적게 자른 바실리도 가죽 채찍으로 흠씬 두들겼다. 그런 뒤 자기 집으로 돌아가 버렸다.

그날 밤 농부들이 다시 모였다. 그때 바실리가 입을 열었다.

"아니, 당신네들도 사람이오? 이건 짐승만도 못해. 참새 새끼야! 입으로는 '해치우자'고 큰소리를 치면서 막상 일이 코앞에 닥치면 다들 꼬리를 감추니. 꼭 매 앞에 참새 같단 말이야.

'배반해서는 안 된다, 반드시 해치우자!' 말로만 떠들고 막상 매가 나타나면 숨을 죽인 채 풀숲으로 흩어진다. 그러니 매는 자기가 노린 것을 쉽게 낚아채는 거야.

매가 날아가고 나면 공포를 잊고 다시 주변으로 모여 한 마리가 모자란다고 야단법석이지.

'대체 누가 없어졌지? 반까구나. 그래 그런 놈은 그렇게 당해도 싸지. 그럴만한 짓을 했으니 말이야.' 이런 식으로 말하는 것이 바로 당신들 아니오?

배신 않겠다고 약속을 했으면 그것을 지켜야지! 놈이 시도르를 때렸을 때 당신들이 뭉쳐 놈을 없애야 했었어요.

'배반해서는 안 된다, 반드시 해치우자!' 하면서 막상 매가 나타나면 살기 위해 정신없이 숲으로 도망쳐 버리니……"

농부들은 거듭 그런 논의를 하고 마침내 마름을 죽이기로 했다.

부활절을 앞둔 어느 날이었다. 마름은 그리스도 수난 주간인데도 농부들에게 밭을 갈고 귀리 씨를 뿌리라는 지시를 내렸다.

농부들은 무슨 수작이냐며 이것은 곧 자기네들을 모욕하는 거라고 생각했다.

그런 그들이 바실리의 집 뒤꼍에 모여 다시 죽일 것을 다짐했다.

농부들은 이렇게 말했다.

"놈이 이젠 하늘 무서운 줄 모른다니까. 지금이 어느 때라고 그런 일을 시켜!

더 이상 참지 말고 이 참에 때려죽여야 해. 어차피 죽을 목숨인데, 한 번 죽지 두 번 죽기야 하겠어!"

그때 뾰뜨르 미헤예프가 왔다. 그는 온화한 성품을 가진 자으로 지금까지 농부들의 모임에 한 번도 참석한 일이 없었다.

그런 그가 오늘 처음 참석하여 그들의 이야기를 들은 뒤 이렇게 말했다.

"당신네들은 정말 엄청난 죄를 짓겠다는 건가요? 사람을 죽인다는 것은 너무나 큰 죄가 아니오.

목숨 하나 죽이기야 별로 어렵지는 않겠지만 자신의 영혼은 두고두고 망가질게 뻔하지 않소?

놈이 나쁜 짓을 한다면 우리가 그렇게 하지 않더라도 스스로 벌을 받을 것이오. 그러니 그때까지 참아야 합니다."

그 말을 듣고 바실리가 몹시 화를 내며 거칠게 항변했다.

"하느님 같은 말씀 하시네! 고작 그런 말이 전부야. 사람을 죽이는 건 죄라고? 죄라는 걸 모르는 인간이 어디에 있어. 그런 놈도 인간이야?

우리는 우리가 생각한 대로 하겠어! 정말 착한 사람을 죽이는 건 죄가 되겠지. 그렇지만 그 따위 짐승만도 못한 놈을 죽이는 건 하느님의 뜻이야.

인간을 가엾이 여긴다면 그런 미친개는 죽여야만 해. 그렇게 하지 않으면 가엾은 인간만 더 죽게 되고 끝내는 더 큰 죄를 저지르게 하는 거지. 놈을 생각하면 치가 떨린단 말이야!

설사 우리가 놈을 죽여 고난을 겪을지라도 그건 다른 사람을 위해서야. 모두들 고마워할 거야.

그런 걸 우리가 죽여야 되느니 안 되느니 말씨름만 한다? 그러면 놈은 그러는 사이 우리를 모두 때려죽이고 말 거야.

미혜예프, 도대체 무슨 말을 그렇게 하는가. 그렇다면 부활절에 일하러 가는 편이 죄가 덜 된다는 말인가? 그렇게 말하는 자네부터 일을 하러 가진 않겠지!"

그러자 미혜예프가 말했다.

"가야지! 왜, 안 가겠나? 밭을 갈라고 하면 갈아야지. 그게 어디 내 마음대로 하고 말고 할 일인가.

누가 나쁜지를 하느님은 다 알고 계신다네. 그러니 우리는 늘 하느님을 잊어서는 안 되는 거야. 자, 들어 보게! 나는 내 생각만을 말하고 있는 게 아닐세.

만일 악을 악으로 응징하는 것이 옳다면 하느님은 그와 같은 본보기를 주셨을 테지. 우리에게 가르치신 것은 그게 아니란 말일세. 악을 악으로 응징하면 악은 우리 편이 되네.

사람을 죽이는 건 간단하지. 그렇지만 그 죽음의 피는 악마가 되어 자신의 영혼에 달라붙네. 사람을 죽인다는 것은 자신의 영혼을 피투성이로 만드는 거지.

자신은 나쁜 놈을 죽였을 뿐이다, 그러나 그것은 반복적인 영혼의 악순환을 부른다네.

불행한 일이 생기면 그것을 따라야 해. 그러면 불행이 우리를 이기지 못할 거란 말일세."

이런 말을 듣고 농부들은 의견이 엇갈렸다. 그것은 바실리처럼 죽이자는 사람과 미헤예프처럼 참고 견디어 내자는 의견이 있었기 때문이다.

농부들이 부활 주간의 첫날인 부활절 축하 행사를 끝마친 저녁 때, 이장이 지주네 집을 관청의 서기와 함께 다녀왔다.

그런 그가 마름인 미하일 쎄묘느치의 지시대로 내일은 농부 모두가 밭을 갈고 귀리 씨를 뿌려야 한다는 것이다.

이장과 서기는 온 마을을 돌아다니면서 그 사실을 알렸다.

내일은 모두 밖으로 나가 한 조는 강 건너 쪽으로, 다른 한 조는 길가를 따라 밭을 갈라는 것이었다.

농부들은 너무 화가 치밀었지만, 그 지시를 따를 수밖에 없었다.

다음날 아침, 교회에서는 예배 시간을 알리는 종소리가 울려 퍼졌다.

어디서나 축제일을 축하하고 있는데, 이곳의 농부들만 쟁기를 들고 나가 밭을 갈기 시작했다.

마름은 늦잠을 자고 일어나 산책을 나갔다.

마름의 아내는 집 안을 서둘러 치웠다. 그리고 옷을 곱게 차려 입은 뒤 과부가 된 딸(그녀는 축제일을 보내러 왔다)과 함께 예배를 드리고 왔다.

마름은 산책을 끝내고 돌아와 하녀가 준비한 차를 마신 후에 파이프(서양 담뱃대)를 물었다. 그리고 연기를 길게 뿜으면서 이장을 불러 물었다.

"그래, 농부들은 다 밭갈이하러 나갔겠지?"

"그럼요."

"어때, 다들 나왔던가?"

"모두 나왔습니다. 장소까지 정해 주었죠."

"구역을 정해 준 건 잘한 일이야. 그런데 일은 잘하고 있을까? 지금 당장 가서 살펴보게, 점심때는 내가 직접 가서 볼 테니.

둘을 한 조로 만들어서 한 제샤찌나(1제샤찌나는 1.09헥타르)를 갈도록 이르게! 만일에 성의 없이 대충대충한 것이 눈에 띄면 축제일이라고 봐주는 건 없어!"

"잘 알았습니다."

그렇게 말하고 나가는 이장을 미하일 쎄묘늬치가 다시 불렀다.

막상 부르기는 했으나 뭔가 특별하게 전달할 말이 없자 잠시 머뭇거리는 것이었다.

그러다가 마름이 말했다.

"음, 다른 게 아니라. 그 도둑놈들이 나를 어떤 식으로 흉보는지 슬쩍 들어 보게. 그리고 낱낱이 내게 알려 주게.

나는 그놈들을 너무나 잘 알고 있어. 땡땡이를 좋아하는 놈들이니까 말이야, 먹고 놀기만 좋아하지.

농사일에 시기를 놓치면 일을 망친다는 것쯤은 잘 알 텐데 그런 생각은 조금도 없어. 그러니 혼쭐내는 거지.

놈들이 지껄이는 말을 모조리 듣고 와서 내게 보고하게. 나는 그것을 알아야 해. 자, 그럼 어서 나가 보라고."

이장은 말을 타고 농부들이 일하는 밭으로 달려갔다.

마름의 아내는 온순하고 착한 마음씨를 가진 여자였다. 그녀는 남편이 이장과 이야기한 것을 듣고는 이렇게 간청했다.

"여보, 그리스도의 대축제일이니 제발 죄짓는 일은 그만하고 농민들을 쉬게 해주세요!"

미하일 쎄묘늬치는 아내의 말을 들으려고도 하지 않고 비웃듯이 말했다.

"당신 간이 부었군! 한동안 매질을 하지 않았더니 이젠 참견까지 하네."

"여보, 어젯밤에 사나운 꿈을 꾸었어요. 제발 오늘만큼은 그러지 마세요!"

"그만하라니까. 왜 자꾸 그래? 맛있는 음식을 배불리 먹으니까 채찍 맛을 잊은 모양이군. 당신도 조심하라고!"

쎄묘늬치는 버럭 화를 내더니 피우던 파이프를 아내의 입에 쿡 찌르며 빨리 식사 준비나 하라고 일렀다.

미하일 쎄묘늬치는 고기묵, 고기만두, 돼지고기, 야채수프, 통돼지구이, 우유가 들어간 빵과 국수를 곁들여 먹고, 버찌로 담근 술을 마셨다. 그러고는 후식으로 달콤한 케이크와 파이를 먹었다.

식사를 마친 그는 하녀에게 노래를 시키고 자기는 노래에 맞추어 기타를 치기 시작했다.

기분이 좋을 만큼 거나해진 마름은 트림까지 해 가면서 하녀와 시시덕거렸다.

이때 이장이 들어와 허리를 굽혀 인사를 한 뒤 들에서 본 것을 보고하기 시작했다.

"그래, 모두들 열심히 밭은 갈고 있던가? 오늘 해야 할 일은 마무리할 수 있겠던가?"

"벌써 절반 이상 갈았습니다."

"대충한 곳은 없던가?"

"그런 건 없습니다, 모두 겁쟁이들이라 열심히 일만 하고 있죠."

"흙도 잘 고르고?"

"작은 씨앗을 뿌려 놓은 것처럼 잘 고르고 있습니다."

마름은 잠시 머무적거리다가 이렇게 물었다.

"그래, 나에 대해선 뭐라고 수군거리던가? 욕하는 놈은 없던가?"

이장이 우물쭈물하자 마름은 사실대로 이야기하라고 했다.

"숨김없이 말해! 딴말하지 말고 다 털어놓으란 말이야. 사실대로 말하면 상을 주겠다.

그러나 혹여 놈들을 감싸기 위해 거짓말을 한다면 매질로 대신할 거야. 까쮸샤, 이 사람에게 보드까 한 잔 드려. 힘 좀 나게."

하녀가 이장에게 보드까를 가져다 주었다. 이장은 고맙다고 말을 한 뒤에 보드까를 쭉 들이켠다. 그런 다음 입 언저리를 손으로 쓱 닦으며 생각했다.

'할 수 없지. 모두 이 사람을 욕하고 있는 걸. 에라, 나도 모르겠다. 들은 대로 말해 버리자.'

이장은 용기를 내어 말문을 열기 시작했다.

"모두가 수군거리며 불평을 늘어놓았지요. 미하일 쎄묘늬치."

"그래, 뭐라고 수군거리던가? 어서 말해 보게."

"마름 양반은 하느님을 섬기지 않는다고요."

마름은 뭐가 그렇게 우스운지 웃음을 터뜨렸다.

"어떤 놈이 그런 말을 하던가?"

"다들 그렇게 말하고 있었습니다. 마름 양반은 악마에게 고개를 숙인다고요."

마름은 계속 웃으면서 물었다.

"좋아! 들은 대로 말해 주게, 바실리는 뭐라고 하던가?"

이장은 자기 친구들을 고자질하고 싶지 않았다. 그러나 바실리와는 예전부터 사이가 좋지 않자 본 대로 말해 버렸다.

"바실리가 제일 많이 욕을 했습니다."

"그 녀석이 도대체 뭐라고 욕을 하던가? 어서 말해 보게."

"입에 담지 못할 악담을 했죠. 그 작자는 죄를 용서받지 못하고 짐승처럼 죽을 게 분명하다고 말했습니다."

"흥, 잘났구나. 그렇게 말하는 놈이 왜, 날 죽이지 않고 있는 거야? 손이 없나?

좋아, 바실리. 네 놈에게 당장 대가를 지불할 거다. 찌쉬까란 놈, 그놈은 뭐라고 했나?"

"네, 모두 듣기에 험악한 말만 하고 있었습니다."

"그래, 뭐라고 했다는 거야."

"입에 담을 수 없을 만큼 끔찍한 말입니다."

"뭐가 그렇게 끔찍하단 말인가? 겁낼 것 없어. 들은 대로 말해 보라니까?"

"그 작자의 배가 툭 터져, 창자가 밖으로 튀어나왔으면 좋겠다고 말했습니다."

미하일 쎄묘느치는 야릇한 표정을 지으며 껄껄 웃기까지 했다.

"흥, 누가 먼저 터질지 두고 보라고. 그건 누굴까? 찌쉬까지!"

"모두 하나같이 험담을 늘어놓고 있습니다. 욕을 하지 않으면 그보다 더한 위협적인 말을 서슴없이 하고 있어요."

"그래, 근데 미혜예프. 그놈은? 그놈도 마찬가지로 욕을 했겠지?"

"아닙니다, 쎼묘늬치. 미혜예프는 욕 같은 건 전혀 하지 않았습니다."

"그럼 어떻게 말했나?"

"네, 모두들 욕을 하는데도 그자 하나만은 아무 말도 하지 않았습니다.

보통이 아닌 것 같아 유심히 보았는데 저도 깜짝 놀랐습니다."

"도대체 뭐 때문에 놀랐는가?"

"글쎄, 딱히 설명할 수는 없지만 그자의 일에 모두가 놀라고 있습니다."

"아니 글쎄, 무슨 일을 했기에?"

"아주 놀랄 일이었습니다. 내가 그자에게 다가갔을 때 그는 뚜르낀의 비탈진 땅을 열심히 갈고 있었습니다.

더 가까이 다가가서 보니 노래를 부르고 있었습니다. 아주 가늘고 아름다운 목소리였죠.

게다가 쟁기 손잡이 사이로 뭔가 반짝이는 게 보였습니다."

"그래서, 그게 어떻다는 거야?"

"작은 불빛이었습니다. 그래서 바싹 다가가 자세히 보니 교회에서 파는 5까뻬이까짜리 양초가 쟁기 손잡이 사이에 세워져 있지 뭡니까? 그 양초에 켜진 불은 바람에도 꺼지질 않았습니다.

새 셔츠를 입은 그자는 밭을 갈면서 부활절 노래를 부르고 있었습니다.

고랑을 갈면서 방향을 바꾸거나 쟁기에 묻은 흙을 털어도 촛불은 꺼지지 않았습니다.

내 앞에서 쟁기를 뒤집고 흙을 털고 손잡이로 방향을 바꾸어 마구 밀고 가도 양초는 그대로 타고 있었습니다."

"그래, 무슨 말은 없었고?"

"아무 말도 없었습니다. 그냥 나를 보더니 부활절 인사를 하고, 다시 노래를 불렀습니다."

"자넨 무슨 말을 했나?"

"아무 말도 하지 않았습니다. 그런데 그때 농민들이 미혜예프에게 몰려왔습니다.

그들은 부활절에 일을 했으니 아무리 기도를 해도 영원히 죄를 용서받을 수 없다고 하면서 그자를 놀려대더군요."

"그래 그자는 뭐라고 하던가?"

"그저 '하늘에는 영광. 땅에는 평화가 있을 지어다.' 라고 했을 뿐입니다.

그자는 다시 쟁기질을 하면서 아름다운 목소리로 노래를 불렀습니다. 계속해서 촛불도 타고 있었습니다."

마름은 더 이상 웃음을 잃고 기타도 내려놓은 채 고개를 떨구고 생각에 잠겼다.

잠시 앉아 있다, 하녀와 이장을 내보내고 커튼 뒤에 있는 침대에 눕더니 한숨만 쉬며 끙끙거렸다.

그것은 마치 곡식을 실은 수레가 힘겨워 소리를 내는 것과 같았다.

그때 아내가 들어와서 말을 걸었다. 그러나 그는 아내를 쳐다보지도 않고 이렇게 말했을 뿐이었다.

"그놈이 날 이겼다고. 그러니 이번엔 내 차례야!"

그러자 아내가 간곡하게 부탁했다.

"여보, 지금이라도 가서 농부들을 돌려보내세요. 그렇게만 하면 아무 일 없을 거예요!

그 동안 그보다 더 심한 짓을 했어도 당신은 태연했는데 이번엔 왜 그렇게 겁을 내시나요?"

"나는 이제 틀렸어. 그놈이 날 이긴 거야."

아내가 거듭 큰 소리로 간곡하게 부탁했다.

"그놈이 이겼다. 그놈이 이겼다고만 하시면 무슨 소용인가요?

우선 할 일은 농부들을 집으로 돌려보내는 거예요. 그렇게 하면 모든 일이 잘 해결될 거예요. 자, 어서 가세요. 말을 준비해 놓겠어요."

마름의 아내는 남편에게 부탁해서 농부들을 집으로 돌려보내라고 했다.

정신이 나간 듯한 미하일 쎄묘늬치는 말을 타고 나갔다. 마을 어귀에 이르자 한 아낙네가 마을 문을 열어 주었다. 그는 마을 안으로 들어섰다.

사람들은 마름의 모습을 보기가 무섭게 집 뒤에 있는 뜰이나 마당으로, 집의 모퉁이로, 채마밭(집에서 가꾸어 먹을 정도의 몇 가지 야채 같은 무나 배추를 심는 밭. 채소밭)으로 몸을 숨기기에 정신이 없었다.

마름이 그런 모습들을 보면서 마을을 다 지나자 어느새 나가는 문에 이르렀다. 이때 문이 닫혀 있었다.

그는 말에 올라앉은 채로는 문을 열 수가 없었다. 그래서 문을 열라고 크게 소리쳤지만 그 어떤 인기척도 없었다.

마름이 말에서 내려 자기 손으로 직접 문을 열고 문간으로 들어섰다. 그런 다음 다시 말을 타려고 한쪽 발을 등자

(말을 탈 때 두 발을 디디는 발걸이)에 걸고는 몸을 올려 안장에 걸터앉으려 했다.

이때 말이 다가오는 돼지를 보고 놀라서 펄쩍대는 바람에 옆의 울타리에 부딪혔다.

순간 마름은 뚱뚱한 몸을 가누지 못한 채 말에서 떨어졌다.

불행하게도 그의 뚱뚱한 배가 길고 뾰족하게 튀어나온 말뚝 끝에 꽂히고 말았다.

마름은 어쩔 줄 몰라 하며 찢어진 배를 움켜쥐고 땅바닥에서 뒹굴었다.

일을 마치고 돌아오는 농부들이 마을로 들어가는 문 앞에 다다르자 말이 콧김을 내뿜으며 문 안으로 들어가기를 거부했다. 이상해서 주위를 살펴보니 쎄묘늬치가 나동그라졌다.

두 팔은 좌우로 벌린 채 두 눈을 부릅뜨고 있었다. 창자는 배 밖으로 튀어나왔고, 땅바닥에는 피가 괴어 웅덩이처럼 되어 있었다. 그것은 땅이 그의 피를 빨아들여 주지 않았기 때문이다.

농부들은 깜짝 놀랐는지 뒷길로 말을 돌려 달아나 버렸다.

미혜예프는 말에서 내려 죽은 마름의 눈을 감겨 주고 아들과 함께 짐수레에 말을 매었다. 그러고는 시체를 싣고 지주의 집으로 갔다.

지주는 미혜예프에게 그간의 이야기를 들은 뒤, 농부들에게 부역을 시키지 않고 소작료만 내도록 했다.

하느님의 힘은 악한 일을 하는 데서 오는 것이 아니라 착한 일을 하는 데서 온다는 것을 농부들은 깨닫게 되었다.

바보 이반

바보 이반

❀❀❀

1

옛날, 어느 나라에 부자 농부가 살고 있었다. 이 농부에게는 세 아들과 딸이 있었다. 큰 아들 무관 쎄묜, 둘째 아들 배불뚝이 따라스, 셋째 아들 바보 이반 그리고 농아인(귀머거리이면서 벙어리인 사람) 딸 마다가 있었다.

무관 쎄묜은 임금님을 따라 전쟁터에 나갔고, 배불뚝이 따라스는 상인으로부터 장사를 배우기 위해 도시로 나갔고, 바보 이반은 듣지도 말하지도 못하는 여동생과 함께 집에 남아서 농사일을 도왔다.

무관 쎄묜은 높은 벼슬과 전답을 받고 어느 귀족의 딸과 결혼을 했다.

그러나 많은 수입과 전답에도 불구하고 살림이 넉넉하지 못했다. 그것은 남편이 아무리 벌어도 아내가 귀족 행세를 위해 돈을 물 쓰듯 썼기 때문이었다.

어느 날 쎄믄이 소작료를 받으러 농장으로 갔다. 그때 마름(지난날, 지주의 위임을 받아 소작지를 관리하던 사람)이 말했다.

"소작료는 드릴 수가 없습니다. 소작료를 받으려면 농사를 지을 수 있게 쟁기와 소 그리고 말을 사줘야 합니다."

그 말을 들은 쎄믄은 아버지에게 갔다.

"아버지! 아버지는 부자이면서도 저에게 아무것도 물려준 게 없습니다. 저에게 땅을 3분의 1만 나눠 주십시오. 제 앞으로 땅을 이전 하겠습니다."

"그렇게 말하는 너는 집에 무엇을 보태 주었느냐? 왜, 너에게 땅을 3분의 1이나 준단 말이냐? 그런 식으로 말하면 동생 이반과 여동생이 반대할 것이다."

그러자 쎄믄이 말했다.

"이반은 바보이고 마다는 듣지도 말하지도 못하는 장애인입니다. 그런 애들이 무슨 문제가 됩니까?"

이 말을 들은 아버지가 말했다.

"그렇다면 이반의 생각을 들어 보자."

형과 아버지의 말을 듣고 난 이반은 대수롭지 않게 말했다.

"형이 원하는 것을 주세요."

116

쎄몬은 집에서 3분의 1의 땅을 받아 자기 땅으로 만들고 나서 다시 임금이 있는 곳으로 갔다.

한편 따러스도 돈을 많이 모아 상인의 딸과 결혼을 했다. 그래도 그는 늘 불만이 많았다.

그러던 어느 날, 그도 아버지를 찾아갔다.

"저에게도 제 몫을 나눠 주십시오."

아버지는 따러스에게 땅을 주고 싶지 않았다. 그래서 이렇게 말했다.

"너는 우리에게 무엇을 보태 주었느냐? 지금 집에 있는 것은 모두 이반이 벌어들인 것뿐이다. 나는 그 애하고 딸을 섭섭하게 할 수 없다."

"저런 녀석에게 재산이 뭐가 필요합니까? 저 녀석은 바보입니다. 저 녀석은 바보라서 장가도 못갑니다. 누가 저런 바보에게 시집을 오겠습니까? 여동생도 마찬가지고요. 그 애들은 아무것도 필요가 없을 겁니다."

이반을 보고 말했다.

"그렇잖니, 이반? 곡식을 절반만 다오. 그리고 난 쟁기 같은 것은 필요가 없으니, 저 잿빛 말이나 다오. 저 수말은 밭을 가는 데 도움을 주는 것도 아니잖아!"

이반이 웃으면서 말했다.

"그럼, 가져가세요. 난 또 잡아 오면 되니까!"

따러스도 자기 몫의 곡식과 수말을 챙겨 자기 집으로 돌아갔다. 그 후에도 이반은 변함없이 늙은 암말로 농사를 지으면서 아버지와 어머니를 모셨다.

❀❀❀

2

이 모습을 지켜본 큰 도깨비는 형제들이 재산 때문에 다투지도 않고 의좋게 헤어진 것이 마음에 들지 않았다. 그는 작은 도깨비 셋을 큰 소리로 불러냈다.

"자, 저기를 보거라, 저기에 세 형제가 살고 있지. 무관 쎄몬과 배불뚝이 따러스, 그리고 이반이라는 바보 놈 말이야, 저 놈들이 서로 싸웠으면 했는데 의좋게 살고 있으니 어떻게 하면 좋을까? 이반이라는 놈이 '그럼, 가져가세요.'라고 말을 하며 싸울 생각이 없거든. 저 이반이란 바보 놈이 내가 그토록 원하는 싸움을 망쳐 놓고 있지 뭐냐?

이제부터 너희 셋이서 저 세 놈들에게 싸움을 붙여 사이를 갈라놓도록 해라. 어때, 할 수 있겠지?"

작은 도깨비들이 대답했다.

"예, 할 수 있습니다."

"어떻게 할 작정이냐?"

"먼저 저 놈들을 빈털터리로 만들어 거지가 되게 한 다음, 한 곳에 살게 하면 틀림없이 서로 물고 뜯으며 싸울 겁니다."

큰 도깨비가 말했다.

"그래, 그거 좋은 생각이로구나. 저 녀석들의 사이를 갈라 놓기 전에는 절대 돌아올 생각은 마라. 만일 실패를 하게 되면 너희 세 놈은 몽땅 가죽을 벗길 것이다. 알겠나?"

작은 도깨비들은 숲 속으로 들어가 좋은 방법을 찾기 시작했다. 그들은 저마다 쉬운 상대를 맡으려고 머리를 쓰자 결론이 나질 않았다.

그들은 궁리 끝에 제비뽑아 자기가 맡을 사람을 정하기로 했다. 그리고 일을 먼저 끝낸 도깨비가 다른 도깨비를 도와 주기로 약속했다.

작은 도깨비들은 제비뽑아 상대를 결정했다. 그리고 다시 모일 날짜를 정하고, 그날 만나서 일이 끝난 도깨비가 누구를 도와야 할지 의논하기로 했다. 의논이 끝나자 각자 자기 상대를 찾아서 출발했다.

어느 덧 약속한 날이 되자, 작은 도깨비들은 숲 속으로 모였다. 그리고 각자가 맡은 일에 대하여 어떻게 진행되고 있는지 그 이야기를 시작했다.

쎄몬을 맡은 첫 번째 작은 도깨비가 입을 열었다.

"내가 맡은 일은 잘 되어 가고 있어. 틀림없이 쎄몬은 아버지가 살고 있는 집으로 갈 거야."

두 번째, 세 번째, 작은 도깨비가 물었다.

"그래, 어떤 방법을 썼는데?"

첫 번째 작은 도깨비가 말했다.

"나는 쎄몬에게 분에 넘치는 용기를 주었지. 그랬더니 녀석은 임금에게 온 세계를 정복하겠다고 약속을 하는 거야.

그러자 임금은 쎄몬을 대장으로 임명하고 인도 왕을 치게 한 거야. 나는 전날 밤 쎄몬의 군대가 가지고 있는 화약을 모조리 물로 적셔 놓았어. 그런 다음 인도 왕을 만나 수많은 지푸라기 군사를 만들어 놓게 했지.

쎄몬의 군사는 사방에서 지푸라기 군사들을 진짜 군사로 착각하고 잔뜩 겁을 먹은 거야. 쎄몬은 '쏴라!' 하고 명령을 내렸지만 대포고 총이고 나가지 않았어. 그러자 군사들은 정신없이 줄행랑을 친 거야, 마치 양떼처럼.

그때 인도 왕은 그들을 한 명도 남기지 않고 순식간에 무찔렀지. 참혹할 정도로 패한 쎄몬은 왕이 준 전답을 몰수당

하는 한편 내일은 사형에 처해질 거야.

나는 이제 하루만 지나면 모든 것이 끝날 것 같아. 이제 쎄 몬이 집으로 도망치도록 탈옥을 돕는 일뿐이지. 다음날이 면 완전히 끝나니까 내 도움이 필요하면 말해 봐."

이번에는 따러스를 맡은 두 번째 작은 도깨비가 말을 시 작했다.

"도움 같은 건 필요치 않아. 내가 하는 일도 아주 잘 되고 있으니까. 따러스란 놈도 이제 일주일을 버티지 못할 거야.

나는 먼저 그놈에게 만족할 줄 모르는 욕심을 선물로 주 었지. 그랬더니 놈은 남의 재산을 탐하고, 눈에 보이는 것 은 닥치는 대로 몽땅 사들이는 거야. 가진 돈을 탈탈 털어 서 사들이고 그것도 모자라 빚을 내어 물건을 사들였어. 이 제는 너무 많이 사들여 처치 곤란이지 뭐야.

일주일 뒤에는 빌린 돈을 갚아야 해. 그 안에 나는 그놈이 사들인 물건들을 몽땅 쓸모가 없게 만들어 놓을 거야. 그러 면 놈은 어쩔 도리가 없이 빚쟁이에게 시달리다, 결국 아버 지 집으로 달려갈 거야."

두 작은 도깨비가 말을 끝내고 세 번째 작은 도깨비에게 물었다.

"너는 어떻게 됐지?"

세 번째 작은 도깨비가 힘없이 말했다.

"걱정이야, 내 일은 순탄치 않아. 나는 놈이 배탈이 나게 끄바스를 담는 병 속에 잔뜩 침을 뱉어 놓았어 그리고 쟁기질을 못하도록 땅을 단단하게 굳혀 놓았지. 이 정도면 놈이 땅을 갈아엎지 못할 거라고 생각했는데 그 바보 놈은 쟁기로 땅을 갈고 있는 거야.

아픈 배를 참아 가며……. 그래서 나는 놈의 쟁기를 고장 내켰어 그랬더니 놈은 집에 있는 다른 쟁기날(보습)을 가져와 성에(쟁깃술의 윗머리에서 앞으로 뻗치어 나간 가장 긴 나무)를 몇 갠가 덧대고는 다시 갈기 시작하는 거야.

어찌할 방법이 없게 된 나는 땅속으로 들어가 쟁기날을 붙잡아 보려고 애썼지. 그런데 도저히 붙잡을 수가 없었어.

놈이 쟁기를 누르는 데다 쟁기날까지 날카로워서 손만 베이고 말았지 뭐야. 그놈은 땅을 거의 다 갈아 버리고 지금은 한 두둑밖에 남지 않았어.

나를 좀 도와줘. 놈을 막지 못하면 우리의 일은 모두 물거품이 되는 거야. 어떡하든 바보 놈이 농사를 짓지 못하게 막아야 해. 놈이 농사를 짓게 되면 그놈들은 예전처럼 어려움이 없을 거야.

바보 놈이 틀림없이 그놈들을 먹여 살릴 테니까."

쎄믄을 맡고 있는 첫 번째 작은 도깨비가 내일 돕겠다고 약속을 했다. 그러고 나서 작은 도깨비들은 헤어졌다.

❀❀❀

3

한 두둑만 남겨 놓고 있는 이반은 배가 아파 죽을 지경인데도 꾹 참고 갈았다. 이반은 고삐를 당겨 쟁기를 돌린 뒤 그것을 갈기 시작했다. 한 고랑을 갈고 되돌아오려고 하는데 쟁기가 마치 나무뿌리에 걸린 듯 움직이지 않았다. 그것은 작은 도깨비가 두 발로 쟁기에 매달려 힘껏 누르고 있었기 때문이다.

이반은 생각했다.

'참, 이상한 일이네? 조금 전까지만 해도 나무뿌리 같은 건 없었는데……. 혹시 모르지, 나무뿌리가 있을 수도 있지.'

이반은 땅속으로 손을 집어 넣었다. 무엇인가 물컹한 것이 있어 끄집어내자 껌은 것이 꿈틀거렸다. 작은 도깨비였다.

"에이, 징그러운 것 같으니."

이반은 작은 도깨비를 위로 번쩍 치켜들어 쟁기날에다 내리치려 했다. 그러자 작은 도깨비가 소리를 지르면서 말했다.

"제발 살려 주십시오. 원하는 것을 해드리겠습니다."

"그래, 무엇을 해줄 수 있느냐?"

"원하는 것을 말해 보십시오."

이반은 머리를 긁적거리며 말했다.

"지금 배가 몹시 아픈데 낫게 할 수 있어?"

"예, 할 수 있습니다."

"그렇다면 어디 낫게 해봐!"

작은 도깨비는 몸을 구부린 채로 여기저기 고랑을 손톱으로 후비며 무엇인가를 찾았다. 그것은 조그만 뿌리였다. 작은 도깨비는 그 뿌리 세 개를 이반에게 건넸다.

"여기 있습니다. 이것을 한 뿌리만 먹으면 어떤 아픔도 눈 깜짝할 사이에 사라집니다."

이반은 세 뿌리 중 한 뿌리를 먹었다. 그러자 아픈 배가 씻은 듯이 나았다.

작은 도깨비가 사정했다.

"약속한 대로 저를 놓아주십시오. 저는 땅속으로 들어가 다시는 나오지 않을 것입니다."

이반이 말했다.

"그래, 하느님의 은총이 있기를……"

이반의 말이 끝나기가 무섭게 작은 도깨비는 물 속으로 던진 돌처럼 땅속으로 모습을 감췄다. 그 자리엔 구멍만이 남아 있을 뿐이었다.

이반은 먹고 남은 뿌리 두 개를 모자 속에 넣고 쟁기질을 시작했다. 그는 땅을 다 갈고 쟁기에 묻은 흙을 털어 정리한 뒤 집으로 돌아왔다.

이반이 마구간에 말을 풀어놓고 나서 집 안으로 들어가자 큰형인 무관 쎄묜이 자기 아내와 함께 저녁을 먹고 있었다.

쎄묜은 논과 밭을 몰수당한 뒤 처형 직전에 가까스로 도 망쳐 아버지 집으로 온 것이었다.

쎄묜이 이반에게 말했다.

"난 여기서 살아야겠다. 할 일이 생길 때까지 나와 형수는 여기서 지낼 것이다."

"예, 부담 갖지 말고 지내세요."

이반은 그렇게 말하고 막 식탁에 앉았다. 형수는 이반의 옷에서 나는 흙냄새가 싫었는지 얼굴을 몹시 찡그렸다.

그러더니 남편에게 이렇게 말했다.

"여보, 난 정말 못 참겠어요. 흙냄새가 역겨워요. 이런 농사꾼과 함께 밥을 먹을 수가 없어요."

그러자 쎄묜이 이반에게 말했다.

"네 형수가 그런 냄새는 싫다고 한다, 그러니 넌 문간에 가서 밥을 먹어라."

"그럼, 그렇게 하지요."

이반은 쎄묜 형이 시키는 대로 했다.

"그렇잖아도 밖으로 나갈 참이었어요. 난 곧 순찰을 돌아야 하고, 말 먹이도 줘야 하거든요."

그렇게 말을 하고 난 이반은 빵과 까푸탄을 집어 들고 밖으로 나갔다.

❀❀❀

4

쎄묜을 맡은 첫 번째 작은 도깨비는 자기 일을 끝내고 도깨비끼리의 약속을 지키기 위해 이반을 맡은 세 번째 작은 도깨비를 찾아왔다.

한참 동안 밭에서 그를 찾아 헤맸으나 어디에도 그는 없었다. 그러다 우연히 고랑에서 구멍 하나를 발견했다.

'무슨 일이 생긴 게 틀림없어. 그렇다면 나라도 대신 놈

126

을 골탕먹여야지. 밭일은 끝났으니, 목초를 가꾸는 땅으로 가야겠군.'

작은 도깨비는 그곳에 있는 이반의 초지에 큰물이 들게 해 놓았다. 큰물이 들어오자 초지가 진흙바닥으로 변했다.

이반은 새벽녘에 목장 순찰을 돌고 난 뒤 큰 낫을 들고 풀을 베러 초지로 갔다.

이반은 도착하자마자 진흙 범벅이 된 풀을 베었다. 그런데 한두 번 풀을 베고 나니 날이 무뎌져 더 이상 벨 수가 없었다.

이반은 중얼거렸다.

"안 되겠군, 집에 가서 숫돌을 가져와야겠어. 가는 김에 빵도 가져와야지. 비록 많은 시간이 걸린다 해도 다 베기 전에는 돌아가지 않겠어."

작은 도깨비는 이 말을 듣고 잠시간 생각했다.

'이 바보 같은 녀석. 이 방법은 아닌데? 딴 방법을 써야겠어!'

이반은 숫돌에 낫을 갈더니 다시 풀을 베기 시작했다. 작은 도깨비는 진흙 범벅이 된 풀 속으로 기어들어가 낫의 끝 날을 잡아 땅속에 박았다. 이반은 낫질이 너무 힘들었지만 습지에 있는 풀을 빼고 나머지 풀은 모조리 베었다.

작은 도깨비는 습지로 기어 들어가면서 생각했다.

'이번만큼은 손가락이 잘려 나가는 한이 있어도 절대 베지 못하게 해야 해'

이반은 습지로 왔다. 보기에는 풀이 억세 보이지 않는데 잘 베어지지를 않았다. 이반은 약이 올라 힘껏 낫질을 했다.

너무 힘껏 낫질을 하는 탓에 작은 도깨비는 덤불로 피할 겨를도 없이 휘둘러대는 큰 낫에 꼬리가 반쯤 잘려 나갔다.

풀을 다 베고 난 이반은 여동생에게 그것을 긁어모으라고 한 뒤 자기는 호밀밭으로 갔다.

호밀밭은 이미 작은 도깨비가 들쑤셔 놓은 뒤라 큰 낫으로는 벨 수가 없었다.

이반은 집으로 돌아가 다시 보통 낫으로 챙겨와 호밀을 베기 시작했다. 얼마 안 가 호밀도 다 베었다.

"이제는 귀리를 베어 볼까."

꼬리 잘린 작은 도깨비는 이 말을 듣고 중얼거렸다.

'이번에야말로 저 바보 녀석을 골탕먹여야지. 내일 아침에 어디 두고 보자.'

다음날 아침, 작은 도깨비가 귀리밭으로 달려갔을 땐 이미 귀리는 다 베어져 있었다. 귀리의 이삭이 떨어질까 봐

128

이반이 밤을 새워 베어 놓은 것이었다.

작은 도깨비는 약이 올랐는지 이렇게 말했다.

"그 바보 녀석이 내 꼬리를 자른 것도 모자라 하는 짓마다 나를 골탕먹여. 전쟁을 해도 이렇게까지 당하지는 않았는데……, 이게 뭐야.

바보 녀석은 잠도 없나 도무지 이길 수가 없군. 이번만큼은 호밀 더미 속으로 들어가 호밀을 몽땅 썩게 만들 거야."

작은 도깨비는 호밀 더미 속으로 들어가 호밀을 썩이기 시작했다.

그런데 호밀이 썩는 동안 열이 생기자 작은 도깨비는 자기도 모르는 사이에 잠이 들었다.

이반이 여동생과 함께 호밀단을 나르러 왔다. 암말이 끄는 수레에 호밀단을 싣기 시작했다.

호밀단을 하나 둘 실으니 작은 도깨비가 등짝을 보인 채로 잠들어 있었다.

이반이 갈퀴로 꼬리가 잘린 작은 도깨비를 들어올리자 꼬리 잘린 도깨비는 도망치려고 버둥거렸다.

"어! 이것 봐라. 지난번에 그렇게 혼나고도 정신을 못 차렸어?"

그러자 작은 도깨비가 말했다.

"그 도깨비는 제가 아닙니다. 제 친구죠. 나는 당신의 형인 쎄몬을 맡았던 첫 번째 도깨비입니다."

"어떤 놈이건 상관없다. 난 똑같이 혼낼 것이다."

이반이 작은 도깨비를 번쩍 들어 땅바닥에 내동댕이치려하자, 작은 도깨비가 살려 달라고 사정했다.

"제발, 한 번만 살려 주십시오. 살려 주신다면 무엇이든 해드리겠습니다."

"그래, 무엇을 해줄 수 있느냐?"

"원하는 것은 무엇이든 해드리겠습니다. 병정도 만들어 드릴 수 있습니다.

"그렇지만 병정을 어디에 쓰겠나?"

"쓸 곳은 너무 많지요. 그들은 시키는 대로 무조건 할 것입니다."

"노래도 말이냐?"

"물론입니다."

"그렇다면 만들어 보라."

이반이 작은 도깨비에게 말했다.

"이 호밀단을 땅바닥에 똑바로 내려놓고 그것을 흔들면서 '내 종이여, 호밀 수만큼 병정이 되게 하라!' 하면 됩니다."

이반은 가르쳐 준 대로 주문을 외웠다. 그러자 호밀단이 사방으로 흩어져 수많은 병정으로 변신을 했다. 그리고 그 병정들이 북을 치고 나팔을 부는 것이었다.

이반이 웃음을 터트렸다.

"정말, 네 놈의 솜씨가 대단하구나. 여자들이 보면 정말 좋아할 거야."

"그럼, 이제 놓아주십시오."

"안 돼! 저 병정들을 원래의 상태대로 돌려놓아야 해, 그렇지 않으면 아직 털지 않은 곡식을 모두 버려야 하잖아.

그러니 다시 호밀이 되게 하는 방법을 가르쳐 다오. 난 호밀을 털어야 하거든."

작은 도깨비가 말했다.

"그건 이렇게 하면 됩니다. '내 종이여, 병정의 수만큼 호밀이 되게 하라!'"

작은 도깨비가 가르쳐 준 대로 이반이 말하자, 병정들은 다시 호밀단이 되었다.

작은 도깨비는 다시 사정하기 시작했다.

"이제 놓아주십시오."

"그래야지, 그렇게 해 줄 게."

이반이 작은 도깨비를 갈퀴에서 빼주었다. 그리고는 말했다.

"하느님의 은총이 있기를……"

이 말이 떨어지기가 무섭게 작은 도깨비는 물 속으로 던진 돌처럼 땅속으로 모습을 감췄다. 그 자리엔 구멍만이 남아 있을 뿐이었다.

이반이 일을 끝내고 집으로 돌아오자, 이번에는 둘째 형인 배불뚝이 따러스가 아내와 함께 저녁을 먹고 있었다.

따러스는 빌린 돈을 갚지 못해 아버지 집으로 도망쳐 온 것이었다.

그가 이반에게 말했다.

"형이 다시 장사를 할 때까지 나와 네 형수가 여기서 지낼 거야."

"그러세요, 그게 뭐 어려운 일인가요."

이반이 까푸탄을 벗고 식탁에 앉았다. 그러자 형수가 남편인 따러스에게 말했다.

"나는 땀에 찌든 바보와 함께 밥을 먹을 수가 없어요."

그러자 아내의 말을 들은 형이 이반에게 말했다.

"너에게서 땀내가 나니 저쪽 문간에 가서 먹어라."

"그렇잖아도 밖으로 나갈 참이었어요. 난 곧 순찰을 돌아야 하고, 말 먹이도 줘야 하거든요."

그렇게 말을 하고 난 이반은 빵과 까푸탄을 집어 들고 밖으로 나갔다.

❀❀❀

5

따러스를 맡은 두 번째 작은 도깨비는 자기의 일이 끝나자 약속대로 친구를 돕기 위해 이반이 있는 곳으로 왔다.

밭으로 가서 여기저기 찾아 헤맸지만 친구는 없고 땅속으로 뚫린 구멍 하나를 발견했을 뿐이다.

그래서 이번에는 초지로 갔다. 여기서도 친구를 찾아보았다. 그러나 보이질 않고 습지 근처에서 친구의 잘린 꼬리만 보게 되었다. 그리고 호밀밭에서 조금 전에 본 것과 같은 그런 구멍을 발견했다.

작은 도깨비가 생각했다.

'아무래도 친구들에게 나쁜 일이 생긴 거야. 내가 친구들을 대신해서 그 바보 녀석을 혼내 줘야지!'

작은 도깨비는 이반을 찾기 위해 타작하는 곳으로 갔다. 이반은 이미 타작을 마치고 숲 속에서 나무를 베고 있었다.

함께 사는 두 형들이 집이 너무 좁다고 불평을 하며 동생에게 집을 지어 달라고 떼썼다. 그래서 이반은 나무를 베어다가 집을 짓기로 했다.

작은 도깨비는 이반이 나무를 베자 그 나뭇가지를 타고 올라가 심술을 부리기 시작했다.

이반은 나무가 빈 공간으로 쓰러질 수 있게 밑동을 쳐 놓고 그 방향으로 나무를 힘껏 밀었다. 그런데 이상하게도 나무가 비틀어지면서 다른 나무에 걸치고 말았다.

이반은 지렛대를 이용하여 겨우 나무를 쓰러뜨릴 수 있었다.

이반은 다른 나무를 베기 시작했다. 그런데 이번에도 베인 나무가 다른 나무에 걸치고 말았다.

그래서 이번에도 지렛대를 이용하여 나무를 쓰러뜨려야만 했다. 그는 쉬지 않고 세 번째 나무를 베기 시작했다.

이반은 쉰 그루의 나무를 벨 것으로 생각했는데, 열 그루도 베기 전에 날이 어두워지기 시작했다.

이반은 몹시 지쳐 있었다. 땀으로 범벅이 된 그의 몸에서 안개처럼 김이 피어오르는데도 일을 멈추지 않았다.

또 한 그루의 나무를 베려는 순간 등이 견딜 수 없을 정도로 쑤셔와 도끼를 나뭇가지에 걸쳐놓고 잠시 앉아 쉬었다.

작은 도깨비는 이반이 지쳤다는 것을 알고 기뻐했다. 그리고 덧붙여 생각했다.

'축 늘어진 것이 분명해. 그렇다면 나도 이제 쉬어볼까.'

작은 도깨비는 나뭇가지에 걸터앉아 고소한 기분을 즐기고 있었다.

이때 이반이 순간적으로 일어나 도끼를 집어 들더니 나무의 반대쪽을 냅다 내리쳤다. 그러자 나무는 그대로 쓰러졌다. 작은 도깨비는 너무 갑작스런 일이라 피하지도 못하고 나무 밑에 깔렸다.

이반이 작은 도깨비를 보고 말했다.

"아니, 요 놈이 정신을 못 차리고 또 왔네?"

그러자 작은 도깨비가 말했다.

"그 도깨비는 제가 아닙니다. 제 친구죠. 나는 당신의 형인 따러스를 맡았던 두 번째 도깨비입니다."

"어떤 놈이건 상관없다. 난 똑같이 혼낼 것이다."

이반은 도끼를 번쩍 쳐들어 작은 도깨비를 죽이려 했다. 작은 도깨비는 살려 달라고 애원했다.

"제발 살려 주십시오. 살려만 주신다면 원하는 것을 드리겠습니다."

"도대체 너는 무엇을 할 수 있지?"

"나는 당신에게 원하는 만큼의 금화를 만들어 드릴 수 있습니다."

"좋아, 그렇다면 어서 만들어 봐."

작은 도깨비가 이반에게 말했다.

"이 떡갈나무의 잎을 손으로 비벼 보세요. 그러면 금화가 쏟아질 것입니다."

이반은 떡갈나무의 잎을 손으로 비벼 보았다. 그러자 황금빛 금화가 쏟아졌다.

"축제일에 쓰면 정말 좋겠어."

"이제 놓아주시는 거죠?"

"그래!"

이반은 지렛대를 이용해 작은 도깨비를 끌어내면서 말했다.

"하느님의 은총이 있기를……"

이 말이 떨어지기가 무섭게 작은 도깨비는 물 속으로 던진 돌처럼 땅속으로 모습을 감췄다. 그 자리엔 구멍만이 남아 있을 뿐이었다.

❀❀❀

6

이반이 집을 짓자 형제들은 각자 살게 되었다.

수확을 끝낸 이반은 축제일에 마실 맥주를 만들어 놓고 형들을 초대했다.

그러나 형들은 이반의 초대에 오지 않았다.

형들은 말했다.

"우리는 농부들의 잔치에 관심이 없거든."

이반은 동네 농부들과 그의 아내들을 초대했다. 그리고 음식과 술을 함께 먹고 마셨다. 어느 정도 술이 취하자, 여자들이 춤을 추고 있는 거리로 나갔다. 그는 자기를 위해 노래를 불러 달고 여자들에게 부탁했다.

그리고 이렇게 말했다.

"저는 여러분에게 한 번도 구경하지 못한 걸 드리겠습니다."

여자들은 이반을 위해 즐겁게 노래를 부른 뒤 말했다.

"그럼, 한 번도 구경하지 못한 것을 주셔야지요."

"금방 가지고 올 게요."

이반은 상자를 들고 숲 속으로 갔다.

"어머, 저 바보가 어딜 가는 거야."

여자들은 그런 이반을 보며 비웃었다. 그런 그들은 다시
춤에 열중했다.

잠시 뒤 이반이 상자에 무엇인가를 가득 담아 왔다. 그리
고 여자들에게 물었다.

"나누어 들릴까요?"

"그래, 나눠 줘 봐요."

이반은 여자들을 향하여 금화를 뿌렸다. 그러자 그것을
줍겠다고 우르르 몰려들며 야단법석이다.

술을 마시고 춤을 추던 농부들도 몰려들었다. 노파도 금
화를 주우려다 그만 깔려 죽을 뻔했다.

이반이 웃으면서 말했다.

"서로 밀치고 다투지 마세요. 여기 더 있어요."

이반은 다시 금화를 뿌렸다. 많은 농부들이 잇따라 몰려
들었고, 이반은 상자에 있는 금화를 모두 뿌렸다. 농부들은
금화를 더 달라고 아우성이었다.

그러자 이반이 말했다.

"몽땅 드린 거예요. 이제 남은 것이 없습니다. 다음에 또
드리겠습니다. 이젠 다시 춤추고 노래해요."

여자들이 노래를 부르기 시작하자, 이반이 말했다.

"당신들의 노래는 흥겹지 않아요."

그러자 여자들이 물었다.

"그럼 더 흥겨운 노래가 어디에 있어요?"

"내가 곧 당신들에게 보여줄 수 있습니다."

그는 창고로 가서 호밀단을 땅바닥에 똑바로 내려놓고 그것을 흔들면서 주문을 외웠다.

"내 종이여, 호밀 수만큼 병정이 되게 하라!"

그러자 호밀단이 사방으로 흩어져 병정으로 변신하더니 북을 치고 나팔을 불었다.

이반은 병정들에게 북을 치며 노래 부르라고 명령한 뒤 그들과 함께 거리로 나섰다.

농부들은 깜짝 놀랐다. 병정들이 북을 치며 노래를 하는 동안 즐거운 분위기가 만들어졌다.

어느 정도 시간이 흘렀다. 이반은 아무도 뒤따라오면 안 된다고 말한 뒤, 병정들을 창고로 데리고 가 원래의 호밀단으로 돌려놓았다. 그리고 집으로 돌아가 마구간에서 잠을 청했다.

❀❀❀

7

다음날 아침, 날이 밝자. 쎄몬이 어제 있었던 일들을 듣고
는 부랴부랴 이반을 찾아왔다.

"대체 너는 병정을 어디서 데리고 왔다가 어디로 데리고
간 것이냐?

"그런 걸 왜 묻는 거죠?"

"뭐라고? 나는 병정만 있으면 뭐든 다 할 수 있다. 나라를
얻을 수도 있단 말이야."

이반은 그 말에 깜짝 놀랐다.

"정말 그것이 가능한가요? 그렇다면 원하시는 만큼 병정
을 만들어 드리겠습니다."

이반은 형을 창고로 데리고 갔다.

"그럼, 병정을 만들어 들릴 테니 반드시 데려가 주세요.
그렇지 않으면 병정들이 하루아침에 온 마을 곡식을 먹어
치울 겁니다."

"걱정 마라. 병정을 모두 데리고 떠날 테니, 어서 병정이
나 만들어 내거라."

쎄몬의 약속을 받아낸 이반은 호밀단을 땅바닥에 똑바로
내려놓고 그것을 흔들며 주문을 외웠다.

그러자 순식간에 1개 중대의 병정이 만들어졌다. 이반은 반복해서 호밀단을 땅바닥에 똑바로 내려놓고 주문을 외웠다. 어느새 병정들은 들판을 가득 메웠다.

　"어때요, 이 정도면 됩니까?"

　쎄몬은 크게 만족한 듯 이렇게 말했다.

　"그래, 되었다. 고맙구나, 이반."

　"필요하다면 언제든지 오세요. 더 만들어 드리겠습니다. 아직 호밀단은 많으니까요."

　쎄몬은 곧 병정들에게 대열을 갖추게 한 뒤, 전쟁터로 출발했다.

　쎄몬이 출발하자, 배불뚝이 형 따러스도 어제의 일을 듣고 황급히 이반을 찾아왔다. 그리고 이반에게 말했다.

　"너는 금화를 어디서 난 거야? 그런 금화가 있다면 그것을 밑천삼아 많은 돈을 벌 수 있을 텐데 말이야."

　이반은 이 말을 듣고 깜짝 놀랐다.

　"그렇다면 진작 말씀을 하시지 그랬어요. 형님이 원하는 만큼 금화를 만들어 드리겠어요."

　따러스는 크게 기뻐했다.

　"나는 세 상자만 부탁한다."

　"그럼 그렇게 하세요. 우선 숲 속으로 가죠. 그런데 금화를 나르려면 말도 필요해요."

따라스와 이반은 말을 타고 숲 속으로 갔다. 가는 즉시 이반은 떡갈나무의 잎을 손으로 비비기 시작했다. 그러자 금화가 쏟아져 나와 산더미를 이루었다.

"어때요, 더 필요한가요?"

따라스가 흥분이 될 만큼 크게 만족했다.

"지금 당장은 이만큼이면 충분하다. 고맙다, 이반."

"뭘요, 더 필요하시거든 언제든지 말하세요. 더 만들어 드리겠습니다. 떡갈나무의 잎은 얼마든지 있으니까요."

따라스는 수레에 금화를 가득 싣고 장사를 하러 떠났다. 두 형들은 다시 집을 떠났다.

쎄몬은 전쟁을 통하여 두 나라를 정복하고, 따라스는 장사로 많은 돈을 벌었다.

어느 날 쎄몬과 따라스는 한 자리에 모여 이야기를 주고받았다. 쎄몬은 군대에 대한 이야기를, 따라스는 장사에 대한 이야기를 했다.

쎄몬이 따라스에게 말했다.

"나는 두 나라를 정복했어, 그런데 한 가지 아쉬운 것은 군대를 먹여 살릴 돈이 부족해."

그러자 따라스가 말했다.

"나는 돈이 많아요. 그런데 한 가지 아쉬운 것은 그것을 지킬 병정이 없어요."

쎄묜이 말했다.

"우리, 이반을 찾아가자. 나는 그 녀석에게 병정을 더 만들어 달라고 해야지, 그러면 그 병정들이 네 돈을 지킬 수 있을 거야. 너는 그 병정을 먹여 살릴 돈을 만들어 달라고 해라."

둘은 이반을 찾아갔다.

쎄묜이 먼저 말했다.

"이반, 나는 병정이 더 필요해. 병정을 좀 더 만들어 줄 수 없겠니?"

이반이 고개를 흔들었다.

"안 됩니다. 더 이상 병정은 만들어 드릴 수 없습니다."

"아니, 이반! 너는 나에게 얼마든지 병정을 만들어 준다고 약속을 했지?"

"물론 약속은 했지요. 그러나 이제 더 이상 병정은 만들지 않겠습니다."

"어째서 더 이상 만들지 않겠다는 거야? 바보 녀석아."

"그것은 형님의 병정이 사람을 죽였기 때문입니다. 얼마 전에 밭을 갈고 있는데, 한 여자가 길가에서 울부짖는 거예

요. 그래서 물었지요. '누가 죽었습니까?' 그러자 그 여자가 '쎄몬의 군대가 내 남편을 죽였어요.'

저는 병정이 북치고 노래하는 줄로만 생각했는데 사람을 죽였다고 하네요, 그래서 저는 더 이상 병정을 만들지 않기로 했어요." 이반은 이렇게 말하면서 쎄몬의 부탁을 들어주지 않았다.

이번에는 따러스가 이반에게 금화를 더 만들어 달라고 했다.

이반은 고개를 흔들었다.

"안 됩니다. 이제는 더 이상 금화를 만들지 않습니다."

"이유가 뭐냐? 너는 나에게 얼마든지 금화를 만들어 준다고 약속을 했지?"

"약속을 했지요. 그러나 이제 더 이상 금화는 만들지 않겠습니다."

"어째서 더 이상 만들지 않겠다는 거야? 바보 녀석아."

"그것은 형님의 금화가 미하일로프네 암소를 빼앗아 갔기 때문이에요."

"어떻게 빼앗겼다고 하든?"

"형님, 모르고 묻는 겁니까? 미하일로프네는 젖소 한 마리가 있지요. 그 애들은 그 젖소가 있어서 우유를 마실 수

144

있었대요. 그런데 어느 날 갑자기 그 애들이 나한테 달려와 우유를 달라고 조르는 거예요.

그래서 애들한테 물어봤지요.

"너의 집 젖소는 어디 있어?"

그랬더니 끌고 갔다는 겁니다.

"어떤 놈이 끌고 갔는데?"

배불뚝이 따러스네 마름(지난날, 지주의 위임을 받아 소작지를 관리하던 사람)이 엄마에게 금화 세 닢을 준 뒤 끌고 갔다는 것이에요. 이제 그 애들은 마실 것이 없다는 겁니다. 나는 형님이 금화를 좋은 곳에 쓰는 줄로만 알고 있었지요. 그런데 그렇게 젖소를 빼앗아 갈 줄은 몰랐죠. 나는 이제 형님께 더 이상 금화를 만들어 주지 않겠습니다."

바보 이반은 더 이상 따러스의 부탁을 들어주지 않았다.

두 형제들은 성과도 없이 빈손으로 돌아가는 길에 서로 도울 방법을 이야기했다.

쎄묜이 말했다.

"그럼, 이런 방법은 어떻겠니? 돈을 지킬 수 있는 병정 절반을 너에게 줄 테니, 너는 병정을 위해 쓰일 돈을 내게 줘라."

"그렇게 하겠습니다."

두 형제는 가지고 있는 것을 서로 나누어 가졌다. 그 후로 쎄묜은 임금이 되었고, 따러스는 부자가 되었다.

❀❀❀

8

이반은 고향에서 예전처럼 농사를 지으며 여동생과 함께 부모를 모시며 살았다.

"그러던 어느 날, 집에서 기르던 개가 늙고 병들어 죽게 되었다. 그것을 가엾게 여긴 이반은 여동생에게 빵을 가져 오게 했다. 그리고 가져온 빵을 모자 속에 넣어 개에게 던 져 주었다.

그때 작은 도깨비가 준 뿌리가 모자 안에서 떨어졌다. 늙 고 병든 개는 빵과 뿌리를 함께 주워 먹었다. 뿌리를 먹은 개는 먹자마자 병이 말끔히 낫는지 꼬리를 흔들며 짖기도 하고 장난도 치는 것이었다.

부모들은 그 장면을 보고 깜짝 놀랐다.

"다 죽어 가던 개가 왜 저렇게 살아난 거야?"

이반이 대답했다.

"나는 어떤 병이든 낫게 할 수 있는 뿌리를 가지고 있지요. 그 뿌리 중 하나를 개가 먹은 겁니다."

때마침 왕의 딸인 공주가 고칠 수 없는 병을 앓고 있었다. 왕은 전국에 포고문을 붙이게 했다.

포고문에는 '어느 누구라도 공주의 병을 낫게 하는 자는 포상을 할 것이다. 그리고 그 자가 독신이라면 공주와 결혼을 시켜 부마로 삼겠다.'

아버지와 어머니는 이반을 불렀다.

"너도 포고문에 대한 이야기를 들었느냐? 너는 어떤 병이든 고칠 수 있는 뿌리를 가지고 있다. 그러니 그 뿌리로 공주님의 병을 고치고 오너라. 그러면 너는 평생을 행복하게 살 것이다."

"그럼, 그렇게 하겠습니다."

이반은 떠날 준비를 했다. 부모님이 깨끗한 옷으로 챙겨 주자 그것을 입고 문밖으로 나서려 할 때 문 앞에 손이 불구인 여자 거지가 있었다.

여자 거지가 말했다.

"당신은 어떤 병이든 낫게 할 수 있나요? 그렇다면 내 손도 고쳐 주세요. 손이 굽어서 신발을 신을 수가 없어요."

"고쳐 드리죠."

이반은 뿌리를 꺼내어 여자 거지에게 주면서 먹으라고 했다. 그러자 여자 거지의 손은 놀랍게도 정상으로 돌아왔다.

부모는 이반이 하나밖에 남지 않은 뿌리를 여자 거지에게 주었다는 사실을 알아차린 뒤, 그를 몹시 꾸짖었다.

"그래, 거지는 가엾고 공주는 가엾지 않느냐? 이 바보 녀석아!"

이반은 그 말을 듣자 공주가 가엾다는 생각이 들었다. 그는 말에다 수레를 달고 급히 서둘러 공주가 있는 곳으로 떠나려 했다.

"바보 녀석아! 어딜 가는 거야?"

"공주님을 고쳐 드리려고요."

"하지만 너는 뿌리가 없지 않느냐?"

"걱정하지 마세요."

이반이 궁궐을 향하여 말을 몰았다. 이반이 궁궐 앞에 막 도착해서 궁궐로 들어서자 어느 순간 공주의 병도 다 나았다.

왕은 몹시 기뻐하며 이반을 반갑게 맞이했다. 그리고 훌륭한 옷으로 갈아입힌 다음 이렇게 말했다.

"이제부터 그대는 짐의 부마로다."

"잘 알았습니다."

이반은 공주와 결혼을 했지만, 임금은 오래가지 못해 세상을 떠났다. 그래서 이반은 왕의 자리에 오르게 되었다. 이반이 왕이 되자, 세 형제 모두가 왕이 된 것이다.

❀❀❀

9

세 형제는 왕이 되어 나라를 다스리고 있었다.

큰형인 쎄몬은 호밀단으로 만든 병정을 거느리는 한편, 동생 따러스가 준 돈으로 군사를 더 모집했다.

그는 전국에 있는 젊은이들 가운데 열 집에 한 명 꼴로 군사를 뽑았다. 군사의 조건은 키가 크고 외모가 단정해야 한다는 것이었다.

그는 이와 같은 젊은이들을 수시로 뽑아 훈련을 시켰다. 그리고 명령에 복종하지 않는 자는 군사를 시켜 처벌했다.

그는 점점 위엄스런 존재로 거듭났다. 그의 생활은 매우 만족스런 것이었다. 마음만 먹으면 무엇이든 군사를 풀어 필요한 것을 얻거나 빼앗을 수 있게 되었다.

따러스도 많은 돈을 모아 호화로운 생활을 했다. 그는 형이 준 병정으로 재산을 지켰다. 그리고 동생 이반이 준 금화를 밑천삼아 많은 돈을 벌었다.

그는 왕으로서 명분을 세울 만한 제도를 만들어 시행했다. 자기 돈은 금고 속에 숨기고 백성이 가진 돈은 어떤 식으로든 뜯어냈다. 각종 세금을 만들어 백성들의 호주머니를 털었다.

그는 이제 입으로 말할 수 없을 만큼의 재물을 가지고 있다. 백성들은 돈이 없어 돈이 되는 물건은 무엇이든 가지고 왔으며, 일자리를 얻기 위해 몰려들었다.

바보 이반은 장인인 왕이 숨을 거두자 장례를 지냈다. 그는 왕이 되었다. 왕이 된 그는 용포(임금이 입던 정복)를 왕비에게 벗어 주고 그것을 옷장 속에 넣도록 했다. 그런 뒤 평상복 차림으로 일을 하러 나섰다.

"나는 이런 생활이 답답해. 일을 안 하니 잠도 안 오고 입맛도 없고 배만 불룩하니 죽을 지경이야!"

그런 그가 부모와 농아인 여동생 마다를 궁궐로 불러들여 예전처럼 농사일을 시작했다.

신하들은 그에게 말했다.

"전하, 당신은 이 나라의 왕이십니다."

이반이 대답했다.

"맞습니다, 하지만 임금도 먹고 살아야 합니다."

어느 날 신하가 진언을 했다.

"전하, 국고가 바닥나 녹봉(연봉)을 줄 수 없을 지경입니다."

"그래요? 그렇다면 주지 마세요."

"그렇게 되면 그들은 일을 하지 않을 것입니다."

"그래요? 그렇다면 그렇게 하라고들 하세요. 일을 하고 싶으면 하고, 하기 싫으면 그만두라고 하세요.

그렇게 나두면 스스로 일을 더하게 될 테니까요. 심심해지면 거름이라도 나를 겁니다."

이번에는 어느 백성이 재판을 받으러 왔다.

그 백성은 고개를 숙인 채 말을 했다.

"왕이시어, 저 자가 소인의 돈을 훔쳤습니다."

그러자 이반이 말했다.

"그래? 그 돈이 필요했겠지!"

그 자리에 있었던 사람들은 이반이 바보라는 것을 알게 되었다.

그의 아내인 왕비가 말했다.

"사람들이 당신을 바보라고 수군대네요."

이반이 대답했다.

"그래요? 그렇다면 그렇게 생각하라고 하세요."

이반의 아내는 생각을 거듭했다. 그러나 그도 바보였기 때문에 이반과 같은 생각을 했다.

'내 생각도 남편과 같으니 남편의 생각을 거스를 수 없는 거야!'

그녀도 이반과 마찬가지로 궁에서 입던 옷을 벗어 옷장 속에 집어넣었다. 그리고 시누이(남편의 여동생)에게 농사일을 배웠다. 농사일을 배우고 난 그녀는 남편의 일을 돕기 시작했다.

똑똑한 사람은 모두 이반의 나라를 떠났고, 남은 것은 바보들뿐이었다. 그들에게는 돈이 없어도 서로 돕고 살아가기 때문에 참으로 마음이 편안했다.

❀❀❀

10

큰 도깨비는 작은 도깨비들이 세 형제를 어떻게 악의 구렁텅이로 빠뜨렸는지 몹시 궁금했다.

그렇지만 그 어떤 소식도 들을 수가 없었다. 마침내 큰 도깨비는 직접 확인하기로 하고 길을 나섰다. 결국 큰 도깨비가 찾아낸 것은 세 개의 구멍뿐이었다.

'아무래도 험한 꼴을 당한 것이 분명해, 그렇다면 내가 나서야겠지!'

그는 이반의 형제들이 살던 집으로 찾아갔다. 그러나 형제들은 볼 수가 없었고 이미 살던 곳을 떠나 저마다 나라를 만들어 잘 살고 있었다.

큰 도깨비는 세 형제가 왕이 된 것을 알게 되자, 배가 아파 죽을 지경이었다. 그런 그가 혼자 중얼거렸다.

'이제는 내가 나설 때가 되었어! 반드시 너희 형제들을 혼내 주고 말겠다.'

그는 먼저 쎄묜의 나라로 갔다.

큰 도깨비는 장수로 둔갑한 뒤 쎄묜에게 말했다.

"쎄묜 왕이시여 왕께서는 위대한 군인이라고 들었습니다. 이제야 내가 찾던 왕을 찾은 듯합니다. 왕이시여 섬기도록 허락하여 주십시오."

쎄묜은 이것저것을 물어보고 나서 그의 적극적인 자세가 마음에 들자 그를 장수로 삼았다.

그는 새로 온 장수로서 쎄묜 왕에게 강력한 군대를 주문했다.

"이 나라는 더 많은 군사를 징집해야 합니다. 지금 전하의 나라에는 무엇을 해야 할지 모르는 사람들이 너무나 많습니다.

젊은 남자라면 키나 외모를 따지지 말고 무조건 징집해야 할 것입니다. 그리고 총과 대포를 만들어야 합니다. 단번에 백 발씩 나가는 총을 신이 만들어 올리겠습니다.

그리고 그 어떤 것도 한 방에 없애 버릴 수 있는 대포를 만들어 올리겠습니다. 그러면 그것으로 사람은 물론 성벽까지도 한 방에 날려 버릴 수 있을 것입니다."

쎄몬은 장수의 말을 받아들였다.

젊은 남자들에게 징집 명령을 내리고, 무기 공장을 지어 총과 대포를 만들었다.

그러자 위협을 느낀 이웃나라의 왕이 먼저 쳐들어왔다. 곧 전투가 벌어졌다.

쎄몬은 적군의 군사를 만나면 무조건 총과 대포를 쏘라고 명령했다.

적군의 군사는 순식간에 절반을 잃었으며 나라가 불탔다. 겁을 먹은 이웃나라 왕은 항복을 하고 나라를 바쳤다.

쎄몬은 승리하자 크게 기뻐했다.

"이번에는 인도를 정복해야지."

인도 왕은 쎄몬에 대한 소문을 듣고 그것에 대한 분석을 바탕으로 대비책과 전략까지 덧붙여 전투 태세를 갖추었다.

인도 왕은 젊은 남자들뿐만 아니라 독신 여성도 징집하

여 쎄몬의 군대보다 더 큰 군대를 만들었다.

더욱이 그는 쎄몬의 총과 대포를 그대로 만들었고, 높은 곳에서 머리 위로 던지는 신무기까지 개발하게 되었다.

마침내 쎄몬이 인도 왕에게 싸움을 걸어왔다. 쎄몬의 생각으로는 지난번 싸움과 같이 쉽게 이길 것으로 예상하고 있었다.

그러나 날카로운 낫도 매번 잘 드는 것이 아닌 것처럼 갈지 않으면 무뎌지게 마련이다.

인도 왕은 쎄몬의 군대를 사정 거리 안에 들어오도록 내버려두지 않았다. 앞서 여군들을 지대가 높은 곳으로 보내어 적군의 머리 위로 폭탄을 던지게 했다.

여군들은 마치 진딧물 위에다 약을 뿌리듯 쎄몬의 군대를 향하여 폭탄을 퍼부었다.

예상치 못한 공격 앞에서 쎄몬의 군대는 모두 정신을 잃고 사방으로 도망을 쳤다. 남은 군사는 오직 쎄몬뿐이다.

인도 왕은 쎄몬의 나라를 차지했고, 나라를 빼앗긴 쎄몬은 갈 곳을 잃고 도망쳐 다니는 신세가 되었다.

큰 도깨비는 쎄몬을 완전히 망하게 하고 이번에는 따러스의 나라로 갔다.

상인으로 둔갑한 큰 도깨비는 따러스의 나라에서 자리를

잡았다.

그는 어떤 물건이든 값을 후하게 쳐주며 돈을 물 쓰듯 하였다. 그러자 백성들은 돈을 벌기 위해 모두 그에게로 몰려들었다.

시간이 흐르자 백성들은 호주머니 사정이 좋아졌다. 돈이 생긴 백성들은 그 동안에 밀렸던 외상이나 꾼 돈을 다 갚았다. 뿐만 아니라 각종 공과금을 정해진 날짜에 낼 수 있게 되었다.

따러스는 매우 기뻐했다.

'그래, 참으로 고마운 상인이야!'

날이 갈수록 그에게는 더 많은 돈이 생겼고 모든 것이 풍족해졌다. 그리하여 그는 새로운 궁전을 짓기로 했다.

백성들에게 목재나 돌을 자신에게 가져오라고 명령을 했다. 그런 뒤 후한 가격과 품삯을 약속했다.

따러스는 전처럼 백성들이 돈을 벌기 위해 몰려들 것으로 생각했다. 그런데 그의 생각과는 달리 백성들은 목재나 돌은 물론 다른 자재까지 상인에게로 가지고 가는 것이었다.

따러스는 비싸게 물건 값을 쳐주고 품삯도 더 올렸다. 그러자 상인 역시 더 많은 돈을 물건 값과 품삯으로 주었다.

따러스가 아무리 많은 돈을 가지고 있다 해도 상인만큼 돈을 가지고 있지는 못했다. 그러다 보니 따러스가 물건 값과 품삯을 올려도 상인은 그보다 더 많은 돈을 물건 값과 품삯으로 백성들에게 주었다.

궁전을 짓는 일은 시작부터 어려움을 겪기 시작했다. 그런데도 따러스는 정원을 만든다는 계획까지 세워 놓았다.

그 후, 따러스는 백성들에게 동원 명령을 내렸다. 그러나 백성들은 그의 말을 따르지 않고 상인의 연못을 파러 갔다.

그러는 사이 겨울이 찾아왔다. 따러스는 새 까푸탄을 만들기 위해 검정 담비 가죽을 사오라고 신하에게 명령했다. 그랬더니 얼마 후 신하가 돌아와서 말했다.

"검정 담비 가죽은 하나도 없습니다. 많은 돈을 주고 그 상인이 몽땅 사들였습니다. 그렇게 사들인 가죽으로 양탄자를 만들었다고 합니다."

따러스가 이번에는 종마를 사기 위해 신하를 보냈다. 신하가 돌아와서 이렇게 말했다.

"좋은 종마는 그 상인이 몽땅 사들였고, 그 종마로 연못에 채울 물을 나르고 있답니다."

백성들은 왕의 일이라면 그 어떤 것도 하지 않았지만 상인을 위한 일이라면 궂은일도 마다하지 않았다.

다만 백성들은 상인에게서 벌어들인 돈으로 세금만을 낼 뿐이었다.

왕은 세금으로 벌어들인 돈이 넘쳐나자 그것을 어디에다 두어야 할지 모를 지경에 이르렀다.

문제는 돈이 넘쳐날수록 생활이 점점 불편해지고 있다는 사실이다.

왕도 이제는 계획했던 일을 중단하고 어떻게든지 살아갈 방법을 찾아야만 했다. 점점 시간이 흐를수록 모든 것이 궁해졌다.

시중을 들던 여자들도 자기를 지켜 주던 신하들도 하나둘씩 그를 떠나 상인 쪽으로 갔다.

이미 먹을 식료품조차 구하기 어렵게 되었다. 시장으로 물건을 사러 가 보아도 살 것이 없었다. 그것은 상인이 한 꺼번에 물건을 사들였기 때문이다.

그는 세금으로 돈을 거두어 들였지만 쓸 곳이 없어지자 돈은 더욱 쌓여만 갔다.

참다못한 따르스는 그 상인을 나라 밖으로 추방해 버렸다. 그러나 상인은 멀리 가지 않고 국경 근처에서 예전과 같은 장사를 반복했다. 백성들도 마찬가지로 상인의 돈을 보고 몰려들었다.

왕의 사정은 악화될 대로 악화되고 말았다. 며칠씩 굶는 일은 견딜 수 있었다.

그러나 상인이 왕의 자리를 사려고 한다는 소문에는 어쩔 도리 없이 그저 비참할 따름이었다.

그러던 어느 날 형 쎄묜이 그를 찾아왔다.

"따라스, 날 좀 도와줘. 나는 인도 왕에게 나라를 빼앗겼어!"

따라스도 지금 죽을 지경이라 누굴 도울 형편이 아니었다.

"쎄묜 형, 나도 꼬박 이틀 동안이나 굶었습니다."

❀❀❀

11

두 형제를 완전히 망가뜨린 큰 도깨비는 마지막으로 이반을 찾아갔다.

큰 도깨비는 장수로 둔갑한 뒤 이반에게 다가가 군대의 필요성을 주장했다.

"왕이시어, 군대가 없는 나라는 없습니다. 명령을 내리시면 신이 왕의 백성들 가운데서 젊은이들만 뽑아 훌륭한 군사를 만들어 올리겠습니다."

이반은 그 말을 듣고 나서 이렇게 말했다.

"그래, 어디 한번 만들어 보세요. 그리고 그들이 노래를 잘 부를 수 있도록 가르치시오. 나는 노래를 좋아한단 말이오."

큰 도깨비는 이반의 나라에서 지원병을 모집하기 시작했다. 그는 군사로 지원하는 자는 보드까 한 병과 빨간 모자를 선물로 주겠다고 말했다.

바보들이 관심도 없다는 듯 코웃음을 쳤다.

"술은 우리들도 얼마든지 있단 말이야. 누구나 술을 만들 수 있거든. 모자 역시도 여자들이 만들어 주는 걸. 여러 가지 색깔의 무늬가 있는 모자, 아니면 술이 달린 그런 모자까지도 말이야."

어느 누구도 관심이 없기 때문에 지원자가 없었다.

큰 도깨비는 이반을 찾아갔다.

"이 나라의 바보들은 군사가 되는 것에 관심이 없는 듯합니다. 그러니 그들을 권력으로 굴복시켜야 할 것 같습니다."

"그래, 그것도 좋은 방법이야. 그럼 어디 한번 권력으로 그들을 모아 보시오."

큰 도깨비는 왕의 허락을 받아 포고령을 내렸다.

'이 나라의 젊은 백성이라면 누구라도 군사가 되어야 한다. 만일 거역하는 자는 참형에 처할 것이다.'

포고문을 본 바보들은 장수를 찾아가서 이렇게 말했다.

"당신은 만일 우리들이 군사가 되지 않으면 왕께서 참형을 한다고 했습니다. 그런데 군사가 되면 어떻게 된다는 것도 알려야 되는 것 아닙니까? 군대에 가면 목숨을 잃는다는 말도 있는데."

"물론, 그럴 수도 있지."

그 말을 들은 바보들은 군대에 절대로 가지 않겠다고 말했다.

"그렇다면 우리들이 왜 군대를 갑니까? 가도 죽고 안 가도 죽는다면 차라리 집에서 죽지 왜, 전쟁터로 가서 죽습니까. 어차피 죽어야 한다면 우리는 집에서 죽겠습니다."

"너희들은 정말로 바보구나! 이 바보 녀석들아. 군사가 된다고 다 죽는 게 아니야, 그렇지만 군사가 되지 않으면 틀림없이 죽게 될 거야."

바보들은 답답했다. 그래서 왕인 바보 이반을 찾아갔다.

"장수가 우리들을 찾아와서 군사가 되라고 명령하고 있습니다. 군대에 가면 살 수도 있고 죽을 수도 있지만 입대를 거부하면 왕께서 반드시 참형을 할 거라고 말했습니다. 그 말이 사실입니까?"

이반은 껄껄 웃었다.

"그래, 그게 말 같은 소리요? 나 혼자서 어떻게 젊은이들을 다 죽일 수 있단 말이오. 내가 바보가 아니었다면 어떻게든 이해를 시킬 수 있을 텐데, 나는 그 말이 뭐가 뭔지 알 수 없단 말이오."

"그렇다면 우리는 군대를 가지 않겠습니다."

"그럼, 그렇게 하세요."

바보들은 장수를 찾아가서 군사가 되지 않겠다고 정식으로 거부했다.

큰 도깨비는 자신의 이런 방법이 통하지 않는다는 것을 알고 이반의 나라를 떠나 이웃나라인 타라칸 왕의 비위를 맞춰다.

"이반 왕의 나라를 빼앗으십시오. 비록 그 나라는 돈이 없지만 곡식이나 가축과 그 밖의 모든 것이 풍족한 나라입니다."

큰 도깨비의 꾐에 빠진 타라칸 왕은 전쟁을 하기로 했다. 먼저 대군을 모으고 총과 대포를 갖춘 뒤, 이반의 나라로 쳐들어갔다.

백성들이 이반에게로 달려갔다.

"왕이시어! 타라칸 왕이 쳐들어왔습니다."

"뭐요, 쳐들어오면 쳐들어오라고 하세요."

타라칸 왕은 적국의 동태를 살피기 위해 세작(간첩)을 보냈다. 세작이 사방팔방으로 돌아다녔지만 군대 같은 것은 어디에도 보이질 않았다.

싸우고 싶어도 상대할 군대가 없었던 것이다. 타라칸 왕은 군사에게 명령을 내려 마을을 점령하게 했다.

군사들은 명령이 떨어지기가 무섭게 마을로 들이닥쳤다. 그 순간 마을은 점령되어 버렸다.

그러자 남녀 바보들이 뛰어나와 어떻게 된 일인지 점령군을 보고 이상하다는 듯이 바라보았다.

점령군은 곡식이나 가축들을 닥치는 대로 약탈했다. 바보들은 싸울 생각도 없이 무엇이든 순순히 내주었다.

어느 누구도 자신의 재산을 지키기 위해 애쓰는 것이 아니라 오히려 이곳에 와서 같이 살기를 권했다. 다른 마을도 역시 마찬가지였다.

점령군이 온종일 돌아다녔지만 어디를 가나 다르지 않았다. 다 털려고 하는데도 그것을 지켜만 보고 있었다.

오히려 그들은 점령군을 보면서 이렇게 말할 뿐이었다.

"그토록 당신의 나라가 먹고 살기 힘든 곳이라면 지금이라도 우리 나라에 와서 살도록 하세요."

점령군은 온 나라 안을 돌아다녔지만 이반의 군사는 없었다.

백성들은 누구나 스스로 일하고 스스로 도우며 살았고, 자기의 욕심을 차리기 보다는 오히려 점령군을 걱정했다.

그런 사람들이라 점령군을 보고도 겁을 먹거나 경계하지 않고 함께 살 것을 권하는 따뜻한 사람들이었다.

싸울 의욕을 잃은 점령군은 지루해졌다. 그래서 타라칸 왕에게 말했다.

"저희들은 전쟁을 할 수가 없습니다. 우리들을 다른 나라로 가게 해주십시오. 전쟁을 하면 그래도 견딜 수 있는데, 이건 아닌 것 같습니다.

아무 잘못도 없는 사람들만 못살게 구는 것 같아서……. 이제 이 나라에서는 더 이상 싸울 수가 없습니다. 그러니 우리들을 다른 나라로 보내 주시기 바랍니다."

이 말을 듣고 타라칸 왕은 열을 올리며 점령군에게 명령했다.

"군사들은 지금부터 전국을 돌며 쑥대밭을 만들어라. 만일 내 명령에 따르지 않는 자는 누구든 살아남지 못할 것이다."

점령군은 왕의 명령이라 마음내키지 않아도 그 명령을 따라야 했다. 그들은 명령에 따라 집이며 곡식을 닥치는 대로 불태우고 가축을 죽여 나라를 혼란에 빠뜨렸다. 그런데도 바보들은 저항도 하지 않은 채 울고 있을 뿐이었다.

"당신들은 어찌 우리들을 괴롭히는 겁니까? 당신들은 어찌 우리의 재산을 파괴하는 겁니까? 필요한 것이 있다면 파괴하지 말고 가지고 가세요!"

백성들의 항변에 군사들은 마음이 괴로웠다. 싸울 의사도 없는 사람들을 이렇게 짓밟는다는 것이 그들을 힘들게 했다. 그래서 그들은 모두 어딘가로 사라지고 말았다.

❀❀❀

12

큰 도깨비는 이웃해 있는 타라칸 군대의 힘을 빌려 이반에게 골탕먹이려 했지만 실패로 돌아갔다. 그러자 큰 도깨비는 신사로 둔갑하여 또다시 이반의 나라로 왔다.

이번에는 배불뚝이 따러스에게 했던 것과 같은 방법으로 이반을 골탕먹일 참이다.

신사로 둔갑한 큰 도깨비가 바보 이반 왕에게 말했다.

"나는 백성들에게 도움을 주고 싶습니다. 먼저 이곳에다 집을 지은 뒤 거래를 시작하겠습니다."

"그래요, 여기서 살기를 원한다면 그렇게 하세요."

한 벼슬아치가 신사에게 살 집을 마련해 주었다. 다음날 아침 그는 금화로 가득 찬 커다란 자루와 청사진을 가지고 광장에 나타났다.

"당신들은 돼지처럼 생활했습니다. 그래서 나는 당신들에게 인간답게 사는 방법을 가르쳐 주고 싶습니다.

그 방법을 가르쳐 주기 위해 여기 가져 온 청사진과 같은 집을 짓겠습니다.

당신들은 내가 시키는 대로 일만 하면 됩니다. 그러면 품삯으로 이 금화를 드리겠습니다."

그는 사람들에게 금화를 보여 주었다. 바보들은 금화를 보고 고개를 갸웃거렸다.

금화를 본 적도 없었고, 그것이 어디에 쓰이는지도 모른다. 그들은 물건과 물건을 바꿔 쓰고, 이웃간에 할 일이 있으면 서로 돕고 살기 때문에 금화 따위는 모른다.

그들은 금화를 보면서 말했다.

"저것이 어디에 쓰이는지는 몰라도 노리개로 쓰면 정말

좋겠다."

큰 도깨비는 따러스를 골탕먹일 때처럼 금화를 풀어 인심 쓰기 시작했다.

그러자 사람들은 물건을 가져와 금화와 바꾸거나, 일을 해서 금화를 받겠다고 야단법석이다. 큰 도깨비는 흐뭇한 마음에 속으로 이렇게 말했다.

'이 정도면 생각보다 수월한 편이야. 이번에야말로 이 바보 녀석을 일어나지 못하게 엉망진창으로 만들어 놓겠어.'

그런데 바보들은 금화가 생기자 목걸이를 만들어 여자들에게 주고 아내와 자식들의 머리에 달아 주기도 했다.

뿐만 아니라 아이들까지도 거리에서 금화를 가지고 놀게 되었다.

사람들은 금화가 흔해지자 관심을 갖거나 구하려 들지 않았다. 그러다 보니 금화를 얻기 위해 일을 하려는 사람은 거의 없었다.

엎친 데 덮친 격으로 신사가 지을 집은 절반도 지어지지 않았으며, 먹을 식량마저 얼마 남지 않았다. 그래서 다급해진 신사는 마을로 나가 이렇게 외쳤다.

"어서 일을 하러 오시오! 곡식과 가축을 가지고 오시오! 일을 하러 오거나 물건을 가져 오면 그 대가로 많은 금화를

톨스토이의 교육적인 이야기 *167*

주겠소!"

그러나 마을 사람들은 일을 하러 가거나 물건을 팔러 가지 않았다. 어쩌다 아이들이 달걀을 가져와 금화로 바꾸거나, 심부름 값으로 금화를 받는 것이 전부였다.

마침내 신사는 식량이 떨어졌다. 배가 몹시 고파서 그는 먹을 것을 사기 위해 마을을 돌아다녔다. 그러나 먹을 것을 파는 시장은 없었다.

그러다가 어느 집으로 들어가 암탉을 팔라며 금화를 내밀었다. 주인이 금화를 보더니 이렇게 말했다.

"그런 것은 우리 집에도 흔합니다."

이번에는 그날그날 벌어서 먹고 사는 우비 장수에게 우산을 사려고 금화를 내밀었다. 그러자 그가 이렇게 말했다.

"나는 그런 게 필요가 없습니다. 그것을 가지고 놀 아이가 없거든요! 나도 그런 게 세 닢이나 있어요."

어느 날 신사가 빵을 사러 가게로 들어갔다. 그 주인은 금화 같은 것은 필요가 없다면서 이렇게 말했다.

"그냥 준다고 해도 우리는 필요가 없습니다. 하느님의 이름으로 빵을 구한다면 내가 아내를 시켜 빵 한 조각을 가져 오라고 하겠습니다."

그러자 신사는 느닷없이 침을 뱉고 줄행랑을 쳤다. 그것은 빵을 얻어먹는 것보다 그 말을 듣는 것이 더 참을 수 없었기 때문이었다. 결국 빵도 얻지 못하고 돌아서야 했다.

사람들은 더 이상 금화를 필요로 하지 않았다. 그래서 금화를 준다고 해도 무엇 하나 팔려고 하지 않았다.

모두들 이렇게 말했다.

"필요한 것을 가져 오든지, 아니면 일을 하러 오든지, 아니면 하느님의 이름으로 구걸을 하든지 하세요."

그러나 큰 도깨비는 금화밖에 가진 것이 없었다. 그는 신분상 일을 하는 것도, 구걸을 하는 것도 못할 노릇이었다.

큰 도깨비는 화가 머리 끝까지 치밀었다.

"왜, 금화가 필요 없다는 거야? 금화만 있으면 원하는 것을 얻을 수 있고, 일도 시킬 수 있을 텐데 말이야."

그러나 바보들은 그가 무슨 말을 하는지 전혀 모르는 눈치였다.

"그런 것이 왜 필요한가요? 여기에서는 금화로 할 수 있는 게 하나도 없어요. 그러니 그런 것은 쓸모가 없습니다."

큰 도깨비는 저녁도 굶은 채 잠을 청해야만 했다.

그 동안에 생긴 일을 이반도 알게 되었다. 그것은 백성들이 찾아와서 이렇게 물었기 때문이었다.

"왕이시여! 우리 마을에 신사가 나타났습니다. 그는 맛있는 음식과 술을 마십니다. 게다가 일할 생각은 없고 좋은 옷만 입고 다닙니다. 언제나 놀고 먹으면서도 금화만 씁니다. 마을에 금화가 없었을 때에는 금화가 신기해서 금화를 받고 일을 하거나 물건을 팔았습니다.

그런데 지금은 그 어떤 사람도 거들떠보지 않습니다. 이 신사를 어떻게 하면 좋을까요? 그렇다고 굶어 죽게 버려 둘 수는 없지 않습니까?"

이반은 백성들이 한 이야기를 다 듣고 나서 말했다.

"그렇지요. 죽게 내버려두면 안 됩니다. 그 신사를 양치기처럼 떠돌이 생활을 하게 하세요."

큰 도깨비는 떠돌이 생활을 하게 되었다. 그러는 동안 궁궐을 들르게 되었는데, 때마침 궁궐에서는 왕의 여동생이 점심을 차리고 있었다.

그녀는 지금까지 게으름뱅이들을 지켜봐 왔다. 게으름뱅이들은 일도 하지 않으면서 식사 때만 되면 제일 먼저 나타나 밥을 먹는 것이었다.

그것을 지켜본 여동생은 손만 보고도 누가 게으름뱅인지 금방 가려낼 수 있게 되었다. 손바닥에 굳은살이 있는 사람에게는 식탁에 앉아 밥을 먹게 했지만 그렇지 않은 사람에게는 그가 누구든 먹다 남은 밥을 먹게 했다.

큰 도깨비가 식탁에 앉자, 여동생은 얼른 그 손을 보았다. 손은 곱상한데다 손톱이 길게 자라 있었다.

여동생은 알아들을 수 없는 소리로 외치더니 신사를 식탁에서 끌어내렸다.

그러자 이반의 아내인 왕비가 신사에게 말했다.

"너무 언짢아 마세요. 잠시 한쪽에서 기다려 주세요. 우리 아가씨는 손에 굳은살이 없으면 밥을 주지 않아요. 그러니 다른 사람들이 식사를 하고 나면 그때 가서 먹다 남은 밥을 드세요."

이 말에 큰 도깨비는 은근히 화가 났다.

'나에게 돼지나 먹이는 밥을 먹이려는 구나.'라는 생각이 들자, 식사를 하고 있는 이반에게 다가가 이렇게 말했다.

"왕이시어, 모든 사람들이 자신의 손으로 일을 해야 한다는 것은 어리석은 법입니다. 그것은 사람들이 어리석기 때문에 생겨난 법에 불과합니다. 현명한 사람들은 손이나 등짝 대신에 무엇으로 일을 하는지 아십니까?

"바보인 우리가 그런 것을 어찌 알겠는가? 우리들은 오래 전부터 손과 등짝으로 일을 해왔다네."

"그것은 바보이기 때문입니다. 손이나 등짝보다 머리로 일하는 것이 왜, 편한지 알려 드리겠습니다. 그러면 모두들 머리로 일을 하게 될 것입니다."

그 말을 들은 이반은 놀랐다.

"우리가 바보로 불릴 만한 이유가 있었군."

그러자 신사가 말을 했다.

"그렇다고 해도 머리로 일을 한다는 것이 쉽지는 않습니다. 내 손에 굳은살이 없다고 해서 먹을 것을 주지 않았는데, 그것은 내가 머리로 일을 하는 것이 얼마나 어려운 줄모르기 때문입니다.

사실 머리로 일을 하는 것이 손으로 일을 하는 것보다 어려운 일이라 어느 때에는 머리가 터질 지경에 이를 수도 있습니다."

이반은 곰곰이 생각하다, 입을 열었다.

"그렇다면 그대는 어째서 머리를 써서 자기 자신을 괴롭히는 것인가? 머리를 쓰는 것도 만만한 일이 아닌가 싶네. 차라리 손과 등짝으로 일하는 것이 더 나을 듯싶지 않은가?"

신사가 말했다.

"내가 나를 괴롭히는 것은 바보인 여러분을 불쌍히 여기기 때문입니다.

만일 여러분을 위해 내가 괴로움을 참지 못한다면 여러

분은 영원히 바보로 살게 될지도 모릅니다.

　손이 지치면 어떻게 합니까? 그때는 머리로 일을 해야 합니다. 나는 그것을 가르쳐 주려고 합니다."

　이반이 놀라며 말했다.

　"그래, 그것을 가르쳐 주시오."

　신사는 그것을 가르쳐 주겠다고 약속했다.

　이반은 온 나라에 방을 붙였다.

　'훌륭한 신사가 여러분에게 머리로 일하는 방법을 가르쳐 줄 것이다. 머리로 일하는 것이 손으로 일하는 것보다 훨씬 더 많은 일을 할 수 있다고 한다. 그러니 여러분은 그것을 배우도록 하라.'

　이반의 나라에서는 백성들이 힘을 모아 높은 망대를 세우고 거기에 긴 사다리를 만든 다음 연단까지 마련해 놓았다.

　이반은 신사를 그곳으로 안내를 했다. 그 망대에 오른 신사는 연단에 서서 지껄이기 시작했다.

　바보 백성들은 손을 쓰지 않고 머리로 일을 하려면 어떻게 해야 하는지를 듣기 위해 하나 둘 모여들었다.

　그러나 신사는 입으로만 지껄이고 있을 뿐 행동으로는 보여 주지 못했다.

　입으로만 지껄이고 있으니 바보들은 무슨 말을 지껄이는지 전혀 알아들을 수 없었다. 그래서 그런지 그들은 잠시 망대를 바라보다 각자 하던 일을 위해 그곳을 떠났다.

신사는 하루 종일 망대 위에서 지껄이고 있었다. 다음날도 마찬가지였다. 듣는 사람이 없어도 쉴새없이 지껄였다. 쉴새없이 지껄이다 보니 너무 지치기도 했지만 그보다 배가 더 고파 죽을 지경이었다.

그런데도 누구 하나 먹을 것을 주지 않았다. 그것은 신사가 손으로 빵을 만드는 것보다 머리로 만들어 먹는 것이 쉬울 것이라고 생각했기 때문이다.

신사는 그 다음날에도 어김없이 망대에 올라가서 쉴새없이 지껄였다. 그러나 사람들은 잠시 머물다 이내 흩어져 버렸다.

이반은 신사가 어떻게 지내는지 백성들에게 물었다.

"그래, 그 신사는 머리로 일을 하고 있느냐?"

"아닙니다. 일은 하지 않고 여전히 지껄이고 있습니다."

신사는 그날도 하루 종일 망대에서 지껄였다. 그렇게 며칠이 지나자 힘이 떨어져 더 이상 버틸 수가 없었다.

마침내 중심을 잃고 비틀거리다 기둥에 머리를 부딪고 말았다.

때마침 지나가던 사람이 그 모습을 보고 궁궐로 달려갔다. 그리고 이반의 아내인 왕비에게 알리자, 그녀는 들에서 일을 하고 있는 남편에게 그 말을 전했다.

"어서 가 보세요. 드디어 신사가 머리로 일을 시작했습니다."

"그래요? 가 봐야지!"

이반은 말을 달려 망대로 갔다. 신사는 굶주린 상태에서 비틀거리는 몸을 가누지 못한 채 연달아 머리를 기둥에 부딪쳤다.

그 신사는 이반이 도착하자마자 엎어지더니 요란스럽게 사닥다리 아래로 쿵쿵 머리를 찧는 소리와 함께 굴러 떨어졌다.

그 모습을 본 이반은 고개를 끄덕였다.

"그래, 머리를 쓰다 보면 머리가 터질 수도 있다고 했지. 그 말이 맞네!

손에 굳은살이 박이는 것보다 머리로 일하는 것이 더 어렵겠는 걸. 그러니 머리가 안 터지겠어?"

신사는 사다리 밑으로 굴러 떨어지자 땅 속에 머리를 쳐박고 말았다.

이반은 신사가 얼마나 많은 일을 했는지 가까이 다가가서 보려 했다. 그러자 갑자기 땅이 갈라지면서 그 틈새로 신사가 사라졌고, 사라진 곳에는 구멍만이 남아 있을 뿐이었다.

이반은 그 구멍을 보면서 말했다.

"이런 못된 놈. 큰 도깨비 놈이 분명해!"

그 후로 이반은 잘 살았으며, 그의 나라로 많은 사람들이 몰려들었다.

큰 도깨비에게 망가진 두 형들도 다시 찾아왔다.

누구든 찾아와서,

"우리들도 이곳에서 살고 싶습니다."

이반이 말했다.

"그렇게 하세요."

이 나라에는 아주 특별한 관습이 있다. 그것은 손에 굳은 살이 있는 사람은 식탁에 앉아 밥을 먹을 수 있지만, 그렇지 않은 사람은 남이 먹다 남은 밥을 먹어야 한다는 것이다.

두 노인

두 노인

📖 여자가 말하기를, "내가 보니 과연 주님은 선지자이십니다. 우리 조상은 이 산에서 예배 드렸는데 당신들의 말은 예배 드릴 곳이 예루살렘에 있다고 합니다."

예수께서 여자에게 말했다.

"내 말을 믿어라.

'이 산이다.'

'예루살렘이다.'

굳이 정하지 않을 때가 올 것이다.

너희는 누구에게 예배를 드려야 할지 모른다. 그렇지만 우리는 예배 드리는 분을 잘 알고 있다. 이는 구원이 유대인으로부터 오기 때문이다. 하느님께서는 진리에 따라 예배 드리는 자를 찾고 계시다. 하느님은 영이시니 예배 드리는 자가 영과 진리로 예배를 드려야 한다."

(요한복음 4:19~23)

❀❀❀

1

같은 마을에 사는 두 노인이 옛 예루살렘으로 순례를 떠나자고 약속했다. 한 사람은 예핌 따라식치 셰벨료프라는 잘 사는 농부였고 다른 한 사람은 보통 수준의 옐리세이 보드로프라는 노인이었다.

예핌은 근면 성실한 농부였으며, 술과 담배를 못하는 것은 물론 냄새조차 싫어했다. 욕이란 욕은 해본 적이 없고 자기 관리에 철저했으며, 두 번씩 이장을 맡는 동안 단 한 푼도 모자람이 없이 일을 잘 처리했다.

그의 집은 결혼한 두 아들과 곧 결혼하게 될 손자까지 둔 대가족이었다. 그는 텁수룩하게 수염을 기르고 등도 굽지 않은 아주 건강한 노인이었다. 일흔 살인데도 흰 수염이 간간이 보일 뿐 검은 수염이 대부분이었다.

옐리세이는 보통 수준의 노인이었다. 젊은 날에는 목수 일을 했으나 나이가 들면서부터는 꿀벌을 치면서 살았다.

그 노인은 아들이 둘 있었는데 그 중 한 아들은 돈을 벌기 위해 멀리 떠났고, 다른 아들은 집에서 일을 돕고 있었다.

옐리세이는 착한 마음씨를 가진 명랑한 사람이었다. 술과 담배를 즐기며 노래도 곧잘 불렀다. 또한 그는 워낙 사람이 좋아서 집안은 물론 이웃과도 사이좋게 지냈다.

그는 작은 키에 얼굴빛이 거무접접한 농부로 곱슬곱슬하게 자란 수염과 외모가 마치 구약성서에 나오는 예언자 옐리세이와 닮은꼴의 대머리였다.

두 노인은 오래 전부터 함께 순례를 떠나자고 약속했었다. 그런데 예핌이 늘 분주했기 때문에 번번이 약속이 미루어졌다. 한 가지 일이 끝나는가 싶으면 또 다른 일이 생겼다. 손자의 결혼식을 치르고 나면 또 군대 간 막내가 제대해서 돌아올 날을 기다리고, 게다가 이번에는 새로 지을 집을 생각하고 있었다.

어느 축제일에 우연히 두 노인이 만났다. 그들은 베어 놓은 통나무 위에 걸터앉아 이야기를 나누었다.

"예핌, 어떻게 생각해? 이젠 성지 순례를 떠날 때가 되지 않았나?" 하고 옐리세이가 말했다.

그러자 예핌은 어두운 표정을 지으면서 말했다.

"아니, 좀 더 기다려 주게. 올해는 일이 생각대로 잘 풀리지 않아.

집을 지으려고 계획을 세웠을 때에는 100루블 정도면 충분할 줄 알았어. 그런데 벌써 300루블을 썼는데도 아직 멀었어. 여름에 끝나지나 않을까 싶어. 아마, 주님의 뜻대로

라면 여름이 되어서야 떠날 수 있겠지.”

옐리세이가 말했다.

“내 생각으로는 그렇게 자꾸 미루기 보다는 지금이라도 당장 떠나야 할 것 같아. 봄철인 지금이 가장 좋다고⋯⋯”

“때는 좋지만 시작한 일은 끝내고 가야지, 그냥 버려 두고 떠날 수는 없어!”

“아니, 그렇게도 일을 맡길 사람이 없나? 아들이 다 알아서 하겠지, 뭘 그렇게 주저하나.”

“하기는 뭘 알아서 해! 큰자식이라고 믿을 구석이 있어야지 엉뚱한 짓만 한다니까.”

“그건 그렇지 않아. 어차피 우리는 먼저 죽게 마련이야 그러니 남은 자식들이 잘 알아서 할 거야. 자네 자식도 그래. 일은 시켜 봐야 알지.”

“그건 그래, 그렇지만 짓는 걸 내 눈으로 직접 보고 싶단 말일세.”

“아이고, 무슨 말을 그렇게 하나 이 사람아! 이일 저일 모두 끝내자면 한도 끝도 없는 거야. 바로 조금 전에도 축제일이 다가온다고 여자들이 빨래를 한다, 청소를 한다, 그런저런 일로 집 안이 온통 난리가 났었다네.

그런데 우리 큰며느리가 참으로 영리한 말을 하더군. ‘축제일은 우리를 기다리지 않아요, 그러니 우리가 빨리 일을 끝낼 수 있는 거죠.

참, 다행이죠. 그렇지 않았더라면 아무리 일을 해도 끝이 없을 건데요.' 라고 말이야."

예핌은 생각에 잠기더니 이렇게 말했다.

"집 짓는 데 돈을 너무 많이 써 버렸어. 그러니 가진 것도 없이 어떻게 먼 길을 떠날 수 있나. 한두 푼도 아닐 테고……. 적어도 100루블은 있어야 하지 않을까?"

옐리세이는 웃으며 말했다.

"그런 소리하면 벌을 받을 걸세. 자네는 나보다 열 배나 더 많은 재산을 가지고 있으면서 돈타령을 하다니. 그런 걱정보다는 언제 떠날 건가를 생각해 보게. 나는 지금 돈이 없네, 그렇지만 어떻게든 만들어 볼 생각이야."

예핌은 살짝 웃으며 물었다.

"거참, 대단한 생각이야. 돈은 어떻게 만들 셈인가?"

"난 집 안에 있는 돈을 전부 모아 볼 작정이네. 그래도 모자라면 벌통을 열 개쯤 팔 거야. 전부터 옆집에서 사겠다고 했거든."

"팔고 난 뒤 꿀벌이 한창 꿀을 모으는 계절이 오면 너무 속상할 텐데?"

"속상하다고? 그런 말이 무슨 소용인가! 사는 동안 속상할 일은 죄를 지을 때라네. 영혼보다 소중한 것이 어디 있겠나?"

"그건 그렇지. 그래도 역시 집안일을 보살피지 않으면 마음이 불안해."

"그런 일보다 더 한 것은 영혼을 바로 세우지 못하는 것이라네. 어떻든 약속대로 떠나세! 이번에는 꼭 떠나야 하네."

❀❀❀

2

옐리세이는 이렇게 친구를 설득했다. 예핌은 밤새워 생각했다. 그리고 다음날 아침 일찍 옐리세이를 찾아가서 말했다.

"자네 말이 맞아. 자, 떠나도록 하세. 사는 것도 죽는 것도 하느님의 뜻이야. 그렇지 몸이 성할 때 떠나야지."

일주일 동안 두 노인은 떠날 준비를 했다. 예핌은 모아 둔 돈이 많았다. 그는 여비로 100루블을 준비하고, 늙은 아내에게 200루블을 맡겼다.

옐리세이도 떠날 준비를 했다. 밖에 있는 벌통 중에서 열 개를 옆집에 팔고, 또 거기서 생기는 어린 벌도 주기로 했다. 그래서 70루블의 돈이 마련되었다. 모자란 30루블은 온 집안 식구들이 가지고 있는 것을 탈탈 털었다. 아내는 자기가 죽을 때 쓰려고 모아둔 장례비를 몽땅 털어 놓았고, 며느리도 숨겨 놓았던 비상금을 내놓았다.

예핌 따라스치는 맏아들에게 집안일을 모두 맡겼다. 풀은 어디서 얼마 정도를 베어야 하고, 거름은 어디로 나르고 어떻게 주어야 하며, 새 집을 짓는 일은 어떻게 마무리 지어야 하고, 지붕은 어떤 모양으로 올려야 하는지를 상세히 지시했다.

그러나 옐리세이는 팔아 버린 벌통에서 생긴 어린 벌은 따로 모아 옆집에 주라고 아내에게 부탁했을 뿐이다. 집안 일에 관련한 것은 어떻게 하라는 말도 없었다.

일을 어떻게 해야 할지는 직접 겪어서 할 일이다. 모든 것을 자기가 알아서 하라는 식이었다.

두 노인은 떠날 준비를 끝냈다. 식구들은 먹을 간식과 메고 갈 자루, 그리고 각반(걸음을 편하게 하기 위하여 무릎 아래에 감는 헝겊 띠. 행전)과 장화를 만들었다. 갈아 신을 수피화(나무껍질로 만든 러시아 신발)까지 예비로 준비한 노인들은 마침

내 성지 순례를 떠나게 되었다. 식구들이 동네 어귀까지 나와 그들을 떠나 보내자. 두 노인은 순례 길에 올랐다.

옐리세이는 들뜬 마음으로 길을 나서면서 마을과 자기가 멀어지자 홀가분해졌다.

그는 여행하는 동안 친구를 편하게 해주자, 누구에게도 예의에 어긋나는 행동은 하지 말자, 무사히 목적지에 갔다가 무사히 집으로 돌아오자, 하는 생각을 머리 속으로 하고 있었다.

옐리세이는 기도문을 암송하거나 자기가 알고 있는 성인들의 일생을 떠올리며 길을 걸었다. 가는 길에 동행하거나 여인숙에 들러서도 만나는 사람들에게 친절히 대할 것을 마음속으로 상상했다. 그리고 하느님의 뜻에 따르기로 마음먹었다.

걸을 때에도 아주 기분이 좋았는데, 오직 한 가지만은 그도 어쩔 수 없었다. 코담배(담배의 향기만을 맡고 즐기게 만든 가루 담배)를 끊으려고 담배 주머니를 집에 두고 떠났는데 그 코담배 생각이 간절해졌다. 마침 가는 길에 어느 사람에서 코담배를 얻어 냄새를 맡곤 했지만, 행여 친구에게 피해를 주지나 않을까 하는 마음에 뒤처져서 걸었다. 예픔 따라 쉬치도 기분 좋게 걸었다. 남에게 피해가 되는 행동은 전혀 하지 않았으며, 쓸데없이 지껄이는 일도 없었다.

그러나 마음은 편치 못했다. 한시도 집안 걱정을 떨어버리지 못한 채 골머리를 앓고 있었다. 집안일이 어떻게 되어 가는지 오직 그 생각뿐이었다.

아들에게 시킨 일이 잘 전달이 되었는지, 시킨 대로 잘하고 있는지 벌써부터 궁금해졌다.

가는 길에 누군가 감자를 심거나 거름을 운반하면 아들이 시킨 일을 제대로 하는지 걱정이 되었다.

그래서 그는 당장이라도 집으로 돌아가 모든 일을 직접 해 버렸으면 하는 생각이 들곤 하였다.

❀❀❀

3

두 노인은 멈추지 않고 다섯 주일을 걸었다. 집을 나올 때 신고 온 수피화도 바닥이 다 닳아서 새로 사야만 했다.

이 무렵 그들은 소러시아(지금의 우끄라이나를 말함) 지방까지 갔다. 집을 나서면 먹는 것도 자는 것도 모두 돈을 내야 했는데, 이 마을에 들어서니 모두들 두 노인을 초대하겠다고 야단법석이다.

초대한 집에서는 재워 주고 잘 먹여 준 뒤 돈도 받지 않았고, 게다가 가는 길에 먹으라고 빵과 과자를 자루 속에 넣어 주는 것이었다. 이렇게 두 노인은 별다른 일없이 700베르스따(1베르스따는 1.067km)를 걸어갔다.

그 마을을 지나서 흉년이 든 마을에 이르게 되었다. 그 마을에서는 잠은 그냥 재워 줬지만 먹을 것은 주지 않았다.

어디에 가도 빵을 주지 않았고 때를 맞추지 못하면 돈을 주고도 빵을 살 수가 없었다. 그들이 말하기를, 지난해에 심한 흉년이 들었다는 것이다.

부자는 먹을 것을 사기 위해 가진 물건들을 다 팔아 결국 빈털터리가 되었고, 중류층은 있던 것이 거덜나 남은 것이 없었으며, 가난한 사람은 다른 마을로 떠돌든지 빌어먹으면서 하루하루를 보내는 형편이라고 했다.

겨울에는 밀기울(밀을 빻아 체로 가루를 내고 남은 찌끼. 맥피)과 말린 명아주(명아주과의 일년초. 어린 잎은 먹을 수 있고 씨는 약용으로 쓰임)의 잎으로 끼니를 때웠다는 것이다.

어느 날 두 노인은 작은 마을에서 빵을 15푼뜨(1푼뜨는 409.5g) 사서 먹은 다음 여인숙으로 들어가 잤다. 그리고 새벽 일찍 길을 떠났다. 그것은 더위를 조금이라도 피하기 위한 것이었다.

10베르스따쯤 걸은 그들은 어느 시냇가에 도착했다. 그곳에 앉아서 컵으로 물을 뜬 다음, 물에 축인 빵을 배불리 먹고 난 뒤 수피화를 갈아 신었다.

 잠시 동안 앉아서 쉬는 사이에 옐리세이는 담배 주머니를 꺼냈다. 그것을 본 예핌은 머리를 흔들며 말했다.

 "어째서 그 나쁜 버릇을 고치지 못하나!"

 옐리세이는 어쩔 수 없다는 듯 손사래를 치며 대답했다.

 "죄를 짓고 있는 줄 알면서도 어쩔 수가 없네."

 두 사람은 다시 걷기 시작했다. 그곳에서 10베르스따 정도 더 걷자 큰 마을이 나타났다. 그 마을을 다 지났을 때는 이미 햇볕이 뜨거워질 대로 뜨거워져 있었다.

 옐리세이는 너무 피곤해 잠시라도 쉬면서 물을 좀 마시고 싶었다. 그러나 예핌은 쉴 마음이 없었다. 아직도 예핌은 잘 걸었다. 그래서 옐리세이는 그를 따라가기가 무척 힘들었다.

 "물 좀 마시고 가는 게 좋겠어."

 "좋을 대로 하게, 나는 괜찮다고."

 옐리세이는 발길을 멈추고 말했다.

 "그렇다면 자네 먼저 가게. 나는 저 집에 가서 물을 얻어 마시고 뒤따라가겠네."

"그렇게 하게."

예핌은 홀로 길을 따라 걸어가고, 옐리세이는 농가 쪽으로 발길을 돌렸다.

옐리세이가 농가로 가 보니 그 농가는 석회를 바른 작은 집이었다. 위쪽은 하얗고 아래쪽은 검은 색이었다. 그런데 집이 낡아서 그런지 칠이 벗겨져 있었다. 지붕도 한 쪽이 부서져 내렸다.

농가로 들어가는 입구가 뒤쪽 마당으로 나 있어 옐리세이는 돌아서 들어갔다. 그때 언뜻 보니 담장 밑에 한 남자가 누워 있는 것이었다. 깡마른 체구에 수염도 깎지 않은 그 남자는 소러시아식으로 셔츠 자락을 바지 속에 넣고 있었다. 아마 이 사람은 시원한 그늘을 찾아 누운 것으로 짐작이 되는데, 지금은 바로 위에서 햇볕이 내리쬐고 있었다.

그 사람은 누운 채로 있는 것이지 잠들어 있는 것은 아니었다. 옐리세이가 물 좀 마실 수 없느냐고 물었다. 그러나 그는 꼼짝도 하지 않았다.

'몸이 아프다든지 아니면 꽤 인정머리없는 사람인가 보다.'라고 생각하며 옐리세이는 문 쪽으로 갔다.

그때 집 안에서 어린아이 울음 소리가 들려왔다. 옐리세이는 문고리를 잡고 탁탁 치며 말했다.

"주인 계십니까?"

그러나 아무런 소리도 들리지 않았다.

"아무도 안 계십니까?"

역시 기척도 없이 잠잠했다. 그런데 옐리세이가 돌아서서 막 떠나려는 순간 문 안에서 신음 소리 같은 것이 들려 왔다.

'무슨 심상찮은 일이라도 생긴 것이 아닐까? 한번 들여다 보고 떠나야지!' 그렇게 생각한 옐리세이는 집 안으로 들어섰다.

❁❁❁

4

옐리세이가 문고리를 잡아 흔드니 문이 열렸다. 문을 열고 현관에 들어서니 방으로 통하는 문이 열려 있었다. 한쪽에 난로가 있고, 곧바로 보이는 곳이 어른이 앉는 자리였다.

그 구석에는 예수의 그림과 탁자가 놓여 있고 탁자 앞에는 긴 의자가 있었다. 의자에는 셔츠만 걸친 할머니가 머리에 스카프도 쓰지 않은 채 머리를 탁자에 대고 있었다.

그 옆에는 바싹 마른 몸에 배만 뽈록 튀어나온 창백한 얼굴의 남자아이가 앉아 있었다. 그 아이는 할머니의 옷소매를 잡아당기며 칭얼대고 있었다.

옐리세이가 방 안으로 들어서자 지독한 냄새가 풍겼다.

난로 저쪽 침대 위에 한 여자가 누워 있었다. 엎어져 있는 여자는 가래 끓는 소리를 내며 한쪽 다리를 오므렸다 폈다, 악취가 나는 몸으로 이리저리 뒤척이며 괴로워하고 있는 것이었다. 게다가 여자는 똥오줌을 못 가리는 것 같은데, 그 뒤처리를 해 줄 사람이 아무도 없는 듯했다.

할머니가 문득 고개를 들고 낯선 사람을 쳐다보았다.

"당신은 누군가요? 무슨 일로 왔지요? 누군지 모르지만 우리 집엔 줄 것이 아무것도 없어요."

옐리세이는 할머니 옆으로 다가서며 말했다.

"할머니, 물을 좀 얻어 마시려고요."

"아무것도 없다고 했잖소. 물을 길어 올 사람이 없어요. 직접 가서 떠 마시도록 해요."

옐리세이가 물었다.

"할머니 무슨 일 있어요? 이 집엔 성한 사람이 한 명도 없어요? 이 아주머니를 간호할 사람도 없고요?"

"아무도 없어요. 담 밑에서 한 사람이 죽어 가고 우리도 여기 이렇게 있네요."

　낯선 사람을 보자 남자아이는 잠시 동안 입을 다물고 있다 다시 할머니의 소매를 잡아당기며 칭얼대기 시작했다.

　"빵 줘. 할머니, 빵 줘!"

　옐리세이가 할머니에게 궁금한 것을 물으려고 하는데 밖에 있던 남자가 비틀거리며 집 안으로 들어왔다. 그는 의자에 앉으려고 벽을 짚고 걸어가다 문 안쪽으로 기대듯이 쓰러지고 말았다. 그런 그가 일어설 힘도 없는지 숨을 몰아쉬며 한마디 한마디 말을 이어 갔다.

　"전염병에 걸렸어요. 거기다 흉년까지 들어서……. 저 애도 먹지 못해 다 죽게 됐어요!"

　그는 턱으로 남자아이를 가리키며 울기 시작했다.

　옐리세이는 등에 멘 자루를 바닥에 내려놓았다가 다시 그것을 의자에 올려 놓고 끌렀다. 자루 속에 들어 있는 빵과 칼을 꺼내서 농부에게 한 조각 잘라 주었다. 그러나 그 사람은 빵을 받지 않고 남자아이와 여자아이 쪽을 가리켰다.

　옐리세이는 아이들 쪽으로 가서 우선 남자아이에게 빵을 주었다. 빵을 보자 남자아이는 몸을 움직였다. 그러더니 두 손을 내밀어 빵을 움켜쥐고 그것을 허겁지겁 입에다 쑤셔 넣었다. 그러자 난로 구석에 있던 여자아이가 기어 나와 빵을 먹고 싶다는 듯 쳐다보았다. 옐리세이는 그 애한테도 한 조각을 주고, 할머니에게도 한 조각 잘라 주었다. 할머니는 그것을 받아서 정신없이 먹었다.

"물을 길어다 주면 고맙겠는데, 우린 물을 마시지 못해 입술이 탈 지경이오.

어젠지 오늘인지 내가 물을 길러 갔었지요. 그런데 그만 쓰러지고 말았어요. 누가 물통을 건드리지 않았다면 그 자리에 그냥 있을 텐데……." 하고 할머니는 말했다.

옐리세이는 우물이 있는 곳을 물었다. 할머니가 알려 준 대로 가자 물통이 있었다. 물을 길어 와서 그들에게 마시도록 했다.

할머니와 아이들은 빵을 먹고 물을 마셨지만, 남자는 속이 좋지 않다고 하면서 먹지를 않았다. 여자는 침대에 몸져 누워 정신을 차리지 못한 채 몸부림치고 있을 뿐이었다.

옐리세이는 마을의 가게로 가서 옥수수와 소금, 밀가루, 버터를 사 왔다. 그리고 도끼로 장작을 패 난로에 불을 지폈다. 여자아이는 요리를 도와 주었다. 여자아이의 도움으로 옐리세이는 모두에게 수프와 죽을 끓여 먹일 수 있었다.

❀ ❀ ❀

5

주인 남자는 속이 아파서 조금만 먹고 할머니도 먹었다, 여자아이와 남자아이는 그릇을 싹 비우고 난 뒤 서로 부둥켜안고 잠들어 버렸다. 농부와 할머니는 그 동안의 사정을 이야기했다.

"우리는 지금까지 넉넉하게 살지는 못했지만 그저 그런 대로 밥은 먹고 살아왔어요. 그런데 지난해 흉년이 들어 추수를 못했어요. 가을부터는 남아 있던 양식으로 근근이 연명했지요. 얼마가 지난 뒤 그것도 다 떨어져 이웃에서 꾸거나 친분이 있는 사람들에게 도움을 받게 되었답니다.

처음엔 더러 꾸어 주기도 했지만 그들도 생활이 점점 어려워지자 거절했어요. 꾸어 주고 싶지만 아무것도 없다는 것이었습니다. 우리도 자꾸 꾼다는 것이 창피스러운 일이라는 것을 알아요. 여러 곳에서 돈도 밀가루도 빵도 꾸었으니 말이에요."

농부는 계속해서 말을 이어 갔다.

"나는 일을 찾아 나섰습니다. 그렇지만 어디에도 일자리는 없었습니다. 먹고 살기 위해 너도나도 일자리를 찾아다녀야 하는 형편이었으니까요. 어쩌다 하루 일하면 그 다음

이틀은 일자리를 찾아 헤매야 했어요. 그래서 어머니와 딸아이가 이웃마을까지 동냥을 다녔지만, 서로 어려운 처지라 빵을 구걸할 수 있겠어요?

그래도 그럭저럭 굶어 죽지 않을 정도로 입에 풀칠은 했습니다. 그런대로 햇보리가 나올 때까지 견뎌 보자는 생각을 했지요.

막상 봄이 되자 아예 동냥을 주는 사람이 없었어요. 게다가 전염병까지 도네요.

이젠 형편이 더 안 좋아져 하루 먹으면 이틀은 굶습니다. 나중에는 풀까지 뜯어먹었지요. 그 풀 때문인지 아니면 다른 이유가 있는 건지 아내가 병에 걸려 쓰러졌어요.

아내는 앓아 누웠고 나도 힘이 없고 맥이 풀리니 앞일이 캄캄할 뿐입니다."

농부의 말이 끝나자 할머니가 이야기를 이어 갔다.

"나도 먹고 살려고 별의별 일을 다 해봤어요. 이젠 먹지 못해 기력이 너무 없어요.

손녀딸도 건강하지 못하고 거기다 겁까지 생겨 이웃에 심부름을 시켜도 가질 않으려 해요. 구석에만 처박혀 있지요.

며칠 전 이웃 아주머니가 무슨 일로 찾아왔는지는 모르지만 식구들이 굶고 병들어 있는 것을 보고는 되돌아서 나가더라고요.

그 아주머니도 남편이 도망치자 어린것을 먹여 살릴 형편이 못 되었답니다. 이런 형편이고 보니 우리도 죽을 날만 기다리고 있지요."

옐리세이는 두 사람의 이야기를 듣고 난 뒤 친구를 따라갈 생각을 그만두고 그 집에 머무르기로 했다.

다음날 아침 동이 트자, 옐리세이는 집주인인 것처럼 집 안일을 돌보기 시작했다. 할머니와 함께 밀가루 반죽을 하고 난로에 불을 지폈다. 그런 다음 여자아이와 함께 집 안팎을 돌아보았으나 쓸 만한 것은 하나도 없었다.

모두 먹을 것과 바꾸어 버린 것이다. 일할 연장도 없고 입을 만한 옷마저도 없는 처지였다. 그래서 옐리세이는 꼭 필요한 물건을 갖추어 놓기 시작했다.

자기가 직접 만들기도 하고 밖으로 나가 사 온 것도 있었다.

이렇게 옐리세이는 몇 날을 함께 보냈다. 건강을 되찾은 남자아이는 가게 심부름도 다니며 옐리세이를 무척 따랐다. 여자아이도 명랑해졌다. 무슨 일이든 거들려고 나섰다.

그 아이는 항상 옐리세이를 할아버지라고 부르며 뒤를 졸졸 따라다녔다. 할머니도 기운을 차리고 이웃집으로 나다

닐 수 있게 되었다. 오직 그의 아내만이 나아질 기미가 없었다. 그러나 사흘째가 되는 날 그 여인도 정신을 차리고 뭔가 먹을 것을 찾았다.

옐리세이는 그제야 생각했다.

'이렇게 오랫동안 머물 줄은 몰랐는걸. 이젠 그만 떠나야지.'

❀❀❀

6

나흘째 되는 날은 바로 축제일 전날이었다. 그래서 옐리세이는 축제일 전날 그들에게 선물을 사 준 뒤 저녁 무렵 떠날 생각을 했다.

옐리세이는 다시 마을에 가서 우유와 밀가루와 돼지기름을 사 가지고 왔다. 그런 다음 할머니와 함께 여러 가지 음식을 준비했다.

그는 교회에 가서 아침 예배를 드리고 집으로 돌아왔다. 그리고 그들과 함께 음식을 맛있게 먹었다. 이날은 여자도 자리에서 일어나 집 안을 거닐기 시작했다.

주인 남자도 텁수룩한 수염을 말끔히 깎고, 할머니가 빨아 준 깨끗한 셔츠로 갈아입었다. 그러고는 마을의 부잣집 농부를 찾아가서 잘 봐줄 것을 부탁했다.

그 농부에게 저당 잡힌 밭과 풀밭을 햇호밀이 날 때까지 제발 쓸 수 있게 해달라고 사정한 것이다.

저녁 무렵에 어깨가 축 처져서 돌아온 남자는 울먹이기 시작했다. 부잣집 농부가 사정도 봐주지 않고 돈을 갚으라고 했다는 것이다.

옐리세이는 다시 골똘히 생각했다.

'이 사람들은 이제 어떻게 살아가지? 다른 사람들이 모두 풀을 베러 갈 때 이 사람들은 풀밭을 저당했으니 무슨 일을 어떻게 해야 하나. 남들은 호밀이 익으면 추수를 할 텐데, 이 사람들에겐 아무것도 기대할 것이 없겠구나.

1제샤치나(땅의 넓이)의 밭을 부잣집 농부에게 저당했으니. 내가 이대로 가 버린다면 이 사람들은 다시 전처럼 고통스러워할 것이다.'

옐리세이는 여러 가지 생각에 갈피를 잡지 못하고 그날 저녁을 넘겨 다음날 아침까지 출발을 늦추었다. 마당에서 기도를 드린 뒤 잠을 청했지만 잠이 오질 않았다.

그 동안 돈도 시간도 너무 많이 써 버렸다. 그래서 이제는 떠나야겠다고 마음먹었다. 하지만 이 집 사람들이 불쌍해서 그럴 수가 없었다.

'모든 사람을 도울 수는 없다. 처음엔 상식적인 선에서 물이나 길어다 주고 빵이나 한 조각씩 주고 떠나려 했는데, 이젠 어디까지 해야 하나? 그렇다면 풀밭과 밭을 찾아 주어야지. 밭을 찾아 주고 나면 그 다음엔 애들에게 먹일 우유를 주기 위해 젖소를 사 주어야지. 그리고 주인 남자한테는 호밀단을 실어 나를 말을 사 주어야 될 것이다.

이봐, 옐리세이. 너 아주 호되게 걸렸구나, 발을 들여놓고 뺄 수도 없으니!'

옐리세이는 잠자리에서 일어나 베개로 쓰던 까푸탄을 펼쳐 담배 주머니를 꺼냈다. 그런 다음 코담배 냄새를 맡으면서 복잡한 마음을 진정시키려 했다. 그러나 그렇게 되질 않았다. 아무리 생각을 거듭해도 좋은 생각이 떠오르지 않았다. 떠나긴 떠나야 할 텐데 불쌍한 사람들을 두고 떠날 수는 없었다.

그는 다시 까푸탄을 둘둘 말아서 머리에 베고 누웠다. 그렇게 가만히 누워 있는 동안 새벽닭이 우는지도 모르고 깊이 잠들어 버렸다.

그때 갑자기 누군가 옐리세이를 부르는 듯했다. 어느 틈에 자기가 떠날 채비를 하고 있는 듯 보였다.

자루를 등에 메고 손에는 지팡이를 들었다. 그는 문밖으로 나가려 했다. 문이 활짝 열려 있었다. 활짝 열린 문으로 혼자 빠져나가기만 하면 된다.

그가 막 나가려 하는데 한 쪽 울타리에 각반(걸음을 편하게 하기 위하여 무릎 아래에 감는 헝겊 띠. 행전)이 걸려 다 풀어질 지경이었다. 풀린 것을 감으려고 하는데 그것은 울타리에 걸린 것이 아니라 여자아이가 각반을 붙잡고 "할아버지, 할아버지, 빵 좀 줘요!" 하고 외치는 것이었다.

또 발을 내려다보니 남자아이가 다리를 붙잡고 있었다. 할머니와 주인 남자는 창문에서 물끄러미 그를 바라보고 있었다. 옐리세이는 잠에서 깨어나 혼자 중얼거렸다.

'내일은 밭과 풀밭을 되찾아 주어야지. 또 말도 사 주고 햇호밀이 날 때까지 먹을 밀가루도 사고 아이들에게 우유를 먹일 젖소도 사 주자.

그렇게 하지 않으면 바다 건너 그리스도를 찾아간들 내 마음속에 있는 그리스도를 잃게 될 것이다. 그래, 이 사람들을 돕도록 하자!'

그렇게 마음먹고 옐리세이는 아침까지 푹 잤다. 잠을 자고 나서 부잣집 농부를 찾아갔다. 그리고 저당 잡힌 호밀밭과 풀밭도 도로 찾아 주었다.

집으로 돌아오는 길에 낫을 사서 주인 남자에게 주고 풀을 베도록 풀밭으로 보냈다.

그런 다음 옐리세이는 마을을 돌아다니다가 어느 주막집 주인이 파는 수레와 말을 찾아냈다. 그 주인과 흥정을 끝내고 수레에 밀가루 한 포대를 사서 실어 놓은 다음 젖소를 사러 갔다.

가는 동안 소러시아의 두 여자를 따라가게 되었다. 여자들은 걸으면서 옐리세이에 대한 이야기를 열심히 하고 있었다. 옐리세이는 그 말(소러시아 말)을 알아들을 수 있었다.

"처음엔 그가 누군지 전혀 몰랐대요. 그저 순례자일 거라고 생각했대요.

물을 얻어 마시러 왔다가 그냥 눌러앉았다지 뭐예요. 오늘 그 사람이 주막집에서 수레와 말을 사려고 흥정하는 것을 봤어요. 세상에 그렇게 착한 사람이 있다니, 우리 그곳으로 구경 가지 않겠어요?"

옐리세이는 그 말을 듣고 자기의 선행이 알려지자 젖소를 사지 않고 주막집 주인에게로 돌아가 수레와 말 값을 치른 다음 그것을 타고 집으로 향했다. 문간에 도착한 그는 말을 세우고 수레에서 내렸다.

그 집 사람들은 말을 보고 놀라지 않을 수 없었다. 자기들에게 주려고 산 말이라는 것쯤은 짐작했을 터, 그렇다고 그 걸 자기네 입으로 말할 수는 없었다.

남자 주인은 문을 열고 물었다.

"할아버지, 이 말은 어디서 났습니까?"

"샀다네, 마침 싼 게 있어서. 오늘 밤 먹을 풀을 충분히 넣어 주게 그리고 이 포대를 좀 내려 주게나."

주인 남자는 말을 풀고 밀가루 포대를 창고에 갖다 넣었다. 그리고 풀을 한 아름 구유(소나 말의 먹이를 담아 주는 큰 그릇으로, 나무토막이나 돌을 길쭉하게 파내어서 만듦)에 넣어 주었다.

밤이 깊어지자 모두들 잠을 자러 갔다. 옐리세이는 집 밖에서 자기로 했다. 조용히 떠나기 위해 자기 자루를 밖에다 내놓은 것이다.

집 안 사람들이 모두 잠들자, 옐리세이는 자루를 어깨에 메고 수피화를 신은 뒤 까푸탄을 걸쳐다. 그리고 예핌이 간 쪽으로 길을 나섰다.

❀❀❀

7

옐리세이가 5베르스따(1베르스따는 약 1,067m)쯤 갔을 때 날이 새어 환해졌다.

그는 나무 밑에 앉아 자루를 열고 남은 돈을 확인해 보았다. 17루블 20까뻬이까가 남아 있었다.

'그래, 이 돈으로 바다를 건너 오랜 시일 여행을 한다는 것은 불가능하겠지. 그렇다고 주님의 이름을 팔아 구걸하기도 그렇고, 잘못해서 죄라도 지으면 큰일이야.

예핌이 내 몫까지 촛불을 밝혀 주겠지. 나에게 성지 순례 같은 건 또다시 없을 텐데. 하지만 은혜로운 주님은 용서해 주실 거야.'

옐리세이는 그 자리에서 일어나 자루를 짊어지고 오던 길로 되돌아갔다. 그때 마을 사람들의 눈에 띄지 않으려고 그 마을을 멀리 돌아서 갔다. 얼마 후, 옐리세이는 무사히 집으로 돌아올 수 있었다.

예루살렘을 향해 갈 때는 걷기가 너무 힘들어 예핌도 따라갈 수 없었는데 돌아오는 길은 하느님이 도우셔서 그런지 아무리 걸어도 힘들지 않았다.

그는 나들이라도 가듯 가볍게 지팡이를 휘두르며 하루에

70베르스따씩이나 걸을 수 있었다.

옐리세이가 집에 도착하자, 때마침 식구들도 들에서 일을 끝내고 집으로 돌아왔다. 식구들은 노인이 돌아온 것을 무척 반기며 이것저것 물어보았다.

구경은 잘했는지. 왜, 예핌을 두고 혼자 돌아왔는지. 왜, 목적지까지 가지 않고 돌아왔는지 물었다. 그러나 옐리세이는 자세히 말하기를 꺼렸다.

"아니, 주님이 그곳으로 인도하지 않으셨어! 도중에 돈도 잃어버리고, 예핌도 가는 길에 놓쳐 버렸지. 그래서 갈 수가 없었던 거야. 어떻든 그것이 내 잘못이니 너무 나무라지는 마라!"

그는 남은 돈을 자기 아내에게 주었다. 그리고 집안에서 일어났던 일들을 이것저것 물어보았다. 모든 일이 생각대로 잘되어 갔고, 식구들도 화목하게 지내고 있다는 것을 알았다.

그날 예핌의 가족들이 옐리세이가 돌아왔다는 말을 듣고 자기네 노인의 소식이 궁금해서 그를 찾았다.

옐리세이는 그들에게 이렇게 말했다.

"그 노인은 무사히 잘 가고 있네. 나하고는 베드로 축제일 사흘 전에 헤어졌어. 나는 같이 갈 생각이었는데 돈을 잃어

버렸지 뭐야 그래서 그냥 돌아온 거지."

그 말을 듣고 사람들은 좀 놀랐다.

'성지 순례를 떠난 사람이 어떻게 돈을 잃어버리고 그냥 돌아올 수 있어. 왜, 그렇게 바보짓을 했을까?' 하고 의심을 했으나 더 이상 생각을 하지 않았다.

그리고 그 일은 차츰 잊히게 되었다. 옐리세이 자신도 그일을 잊어버리고 다시 일상적인 생활로 돌아왔다. 아들과 함께 겨울에 쓸 땔감을 장만하고 아낙네들과 같이 곡식을 빻기도 했다.

창고 지붕을 새롭게 손질하기도 하고 꿀벌의 월동 준비도 해 주었다. 벌통 열 개는 새로 깐 어린 벌과 함께 옆집으로 보낼 준비를 끝냈다.

아내는 이미 돈을 받았기 때문에 주겠다는 어린 벌의 수를 속이려 했다. 그러나 옐리세이는 어떤 통에서 새끼를 깠는지 안 깠는지 모두 알고 있었다. 그래서 열 통이 아니라 열일곱 통을 옆집에 줬다.

가을걷이를 다 끝내고 옐리세이는 아들들을 일하러 보냈다. 그리고 자기는 겨우내 수피화(나무껍질로 만든 러시아 신발)를 만들고 벌통으로 쓰게 될 통나무 속을 파내면서 하루하루를 보냈다.

206

❀❀❀

8

옐리세이가 물을 얻어 마시러 농가에 들르던 날, 예핌은 친구가 오기를 기다렸다.

그는 조금 가다가 길가에 앉아서 기다렸다. 그러다가 깜박 잠이 들었다. 잠에서 깨어나자 다시 친구를 기다렸다. 기다리는 동안 해는 저물어 가는데 옐리세이는 나타나지 않았다.

'내가 깜박 잠든 사이 그가 나를 못 보고 지나친 게 아닐까? 남의 수레를 얻어 타고 나를 못 본 채 지나간 게 아닐까? 그래, 벌판이라 못 볼 리가 없어!

내가 그곳으로 돌아가면 옐리세이와 엇갈리겠지. 앞서 가야만 여인숙에서 만날 수 있어.'

다음 마을에 이르자 그는 이장에게 옐리세이의 생김새와 옷차림을 설명하고, 행여 그런 사람이 여기 오면 여인숙으로 안내해 달라고 부탁했다. 그러나 그는 끝내 여인숙에 나타나지 않았다.

예핌은 다시 길을 걸었다. 가는 도중에 사람들을 만나면 옐리세이의 생김새와 옷차림을 설명했다. 그리고 그런 대머리 영감을 보지 못했느냐고 물어보았다. 그러나 그런 사

톨스토이의 교육적인 이야기 *207*

람을 보았다는 사람은 아무도 없었다.

예핌은 어이없다는 듯 혼자서 계속 길을 걸었다.

'그래, 오제싸 근처에 가면 만나게 될 거야. 그렇지 않으면 배 안에서 만나든지.'

그는 옐리세이를 당분간 잊기로 했다.

예핌은 길을 가다가 한 순례자와 동행을 하게 되었다. 그는 수도복을 입고 긴 머리에 수도모를 쓰고 있었다.

아폰에 가 본 적이 있었다는 그는 예루살렘은 이번이 두 번째라고 했다. 두 사람은 날이 어두어지자 여인숙에 들어가 쉬면서 여러 가지 이야기를 나누었다.

그들은 오제싸까지 무사히 도착했다. 여기서 배를 타기 위해 두 사람은 꼬박 사흘을 기다렸다.

세계 곳곳에서 모여든 순례자들도 기다리기는 마찬가지였다. 여기서도 예핌은 혹시나 하는 마음에 옐리세이의 생김새와 옷차림을 설명했다. 그런 다음 그를 보았냐고 물어보았다. 그러나 본 사람은 아무도 없었다.

예핌은 5루블을 내고 외국 여행 허가증을 받았다. 그리고 왕복 뱃삯 40루블을 지불한 뒤 배에서 먹을 빵과 청어를 샀다.

선장은 배에 짐을 싣게 한 다음 순례자들을 태웠다. 예핌은 동행한 순례자와 함께 탔다. 승선이 끝나자 배는 닻을 올리고 해안을 벗어나 큰 바다로 나갔다.

그날의 항해는 무사한 듯했으나 저녁이 되면서부터 세차게 바람이 불고 비가 내리기 시작했다. 배는 흔들리기 시작했고 바닷물이 갑판을 휩쓸었다.

사람들이 비명을 지르며 공포에 떨자 여자들은 큰 소리로 울부짖고, 심장이 약한 남자 역시도 허둥대며 구석진 곳으로 몸을 피했다.

예핌도 두려웠지만 겉으로 드러내지 않았다. 그는 땀보프에서 온 농부들과 함께 바닥에 낮게 앉아 그날 밤부터 다음 날까지 그대로 버티고 있었다. 오직 자기 자루만 움켜쥔 채 한마디 말도 하지 않았다. 사흘째가 되어서야 겨우 폭풍은 멎었다.

닷새째 되는 날 콘스탄티노플에 도착했다. 어떤 순례자들은 배에서 내렸다. 지금은 터키에 점령되어 있는 성 소피아 대성당을 구경했다. 그러나 예핌은 배에 남아 있다가 잠깐 배에서 내려 빵만 조금 샀을 뿐이다.

배는 하루 정도 항구에 머무르고 다시 넓은 바다로 나갔다. 그리고 스미르나 항과 알렉산드리아 항구에 또 머무른 뒤 마침내 야파에 도착했다. 야파에서 순례자들은 모두 내렸다.

여기서 70베르스따쯤 가면 예루살렘이다. 배에서 내릴 때도 위험했다. 높은 갑판에서 아래 보트로 뛰어내리는 순간 보트가 흔들거렸기 때문이다. 조금이라도 실수하면 바다에 떨어질 수도 있었다. 두 사람이 바다에 빠지기도 했지만 모두 무사했다.

배에서 내리자 모두들 예루살렘 쪽으로 걷기 시작했다. 사흘째 되는 날 점심때가 되어서야 예루살렘에 도착했다. 그들은 가까운 곳에 있는 러시아인 여인숙에서 여장을 풀고, 여권 뒷면에 도장을 받았다. 그 다음 식사를 하고 예핌은 순례자와 성지 순례를 나섰다.

그리스도의 관은 아직 참배할 수 없었기 때문에 대주교 수도원으로 갔다. 그곳에서는 참배자들을 한곳으로 모이게 했다. 남자는 남자끼리 여자는 여자끼리 따로 앉혔다. 신발을 벗은 뒤 빙 둘러앉으라고 했다.

그때 한 신부가 수건을 들고 나와 사람들의 발을 닦기 시작했다. 발을 닦아 준 뒤 입을 맞추었다. 그렇게 신부는 쭉 한 바퀴를 돌았다. 예핌의 발도 닦아 준 다음 입을 맞춰 주었다.

예핌은 저녁 미사와 아침 미사에 참석했다. 그때 돌아가

신 부모님을 위해 촛불을 올려 미사를 드리고 신부가 주는 성찬과 포도주를 마셨다.

다음날 아침 마리아가 이집트로 피신할 당시 목숨을 건졌다는 기도원으로 갔다. 그들은 촛불을 바치고 기도를 드렸다. 그런 다음 아브라함 수도원으로 이동했다. 그곳에서 아브라함이 신을 위해 아들을 찔러 죽이려 한 사베크의 동산을 보았다.

그리스도가 막달라 마리아 앞에 나타난 성지를 보고 또 주님의 형제 야곱의 교회에도 가 보았다. 동행하는 순례자가 가는 곳마다 안내하며 여기는 얼마, 저기는 얼마 하면서 성금에 관련된 금액을 일일이 가르쳐 주었다.

점심때가 되자 숙소로 돌아와서 식사를 했다. 식사를 끝내고 다 같이 낮잠을 청하려는데 동행하는 순례자가 "앗!" 하고 깜짝 놀라며 자기 옷을 여기저기 뒤지기 시작했다.

"지갑이 없어졌다. 틀림없이 23루블 있었는데…… 10루블짜리 두 장과 잔돈 3루블……"

순례자가 야단야단했지만 어쩔 수 없는 일이었다. 모두들 잠자리에 누웠다.

❀❀❀

9

예핌도 자리에 누웠지만, 의심스러운 생각이 들었다.

'저 순례자는 도둑맞았을 리가 없다. 처음부터 돈을 가지고 있는 것 같지 않았다.

어느 곳을 가나 성금을 낸 적이 없었고, 나한테만 내라고 했으니까. 게다가 내 돈 1루블까지 빌려 갔단 말이야.'

이런 생각이 들자 예핌은 자기 자신을 꾸짖었다.

'내가 왜 남을 의심하고 있지? 남을 의심하는 것은 죄를 짓는 일이야. 다시는 이런 생각을 말아야지.'

겨우 잊을 만하면 순례자가 돈에 필요 이상으로 관심을 갖는다는 점과 지갑을 도둑맞았다고 야단스럽게 행동한 점이 자꾸 마음에 거슬렸다.

'아니야, 돈은 정말 없었어. 시선을 다른 데로 돌리기 위한 눈속임일 뿐이야.'

다음날 새벽 미사에 참석하려고 사람들이 부활 대성당으로 갔다. 그곳에는 그리스도의 관이 있었다. 순례자는 예핌의 곁을 줄곧 따라다녔다.

그들은 성당에 도착했다. 러시아인 외에도 그리스인, 아르메니아인, 터키인, 시리아인, 등 많은 나라 순례자들이 한곳에 모였다. 예핌은 모인 사람들과 같이 성스러운 문안으로 들어갔다.

한 신부가 안내를 해 주었다. 그리스도가 십자가에서 내려져 기름을 발랐다는 자리에 이르렀다.

그곳에는 큰 촛불이 아홉 개 켜져 있었다. 신부는 일일이 손가락으로 가리키며 설명을 하였다. 예핌은 여기서도 촛불을 바쳤다.

다음은 안내하는 신부를 따라 오른쪽 계단으로 올라갔다. 그리스도가 박해당할 그 당시의 십자가가 세워진 골고다로 예핌을 안내했다. 예핌은 거기서도 잠시 기도를 드렸다.

그리고 땅이 지옥까지 갈라졌다는 구멍과, 그리스도의 손발이 십자가에 못 박혔다는 곳도 가 보았다. 또한 그리스도의 피가 아담의 뼈를 적셨다는 아담의 관도 보았다.

그 다음에는 그리스도가 바위에 앉아 가시관을 썼던 곳과, 그리스도가 기둥에 묶여 채찍질을 당한 곳도 가 보았다. 끝으로 그리스도의 발목을 채웠던 돌로 만든 족가(중죄인의 발목을 채웠던 도구) 구멍 두 개도 보았다.

안내하는 신부는 그 밖에 다른 곳도 보여 주려 했다. 그러나 사람들이 재촉하는 바람에 그리스도의 무덤이 있는 동굴로 갔다.

그곳에서는 방금 다른 교파의 의식이 끝나고, 러시아 정교의 기도식이 시작되었다.

예픔은 순례자와 동행하고 싶지 않았다. 자꾸만 그를 보면 의심하는 마음이 생겼기 때문이다. 그러나 순례자는 예픔 곁에서 떨어지지 않았다.

그리스도의 관 앞에서 드리는 기도식에도 함께 서 있었다. 두 사람은 조금이라도 관 가까이에 서려 했지만 이미 때는 늦었다.

너무 많은 사람들이 몰려들어 앞으로도 뒤로도 움직일 수 없게 되었다.

예픔은 가만히 선 채로 기도드렸다. 그러면서도 가끔 지갑이 잘 있는지 확인하게 되었다.

예픔은 두 갈래의 마음이 생겼다. 하나는 순례자가 자기를 속이고 있다는 것과, 다른 하나는 그가 정말 도둑이 맞다면 제발 자기 지갑만큼은 훔쳐가지 않기를 바라는 것뿐이었다.

🏵🏵🏵

10

예픰은 예수의 관이 있는 작은 교회 안으로 들어섰다. 그는 선 채로 기도를 드린 뒤 사람들 머리 너머로 타고 있는 서른여섯 개의 등불을 바라보았다.

그때 신기한 일이 일어났다. 등불 바로 아래로 까푸탄을 입고 있는 작은 노인이 보였다. 대머리에 빛이 나는 그는 옐리세이와 닮아 있었다.

'아니, 옐리세이 아냐? 그럴 리가 없어 어떻게 여기 와 있는 거야.

저 영감이 나보다 먼저 이곳에 도착하다니 믿을 수 없어. 앞 배가 일주일 전에 떠났다. 그러니 저 친구가 나를 앞서 배를 탄다는 것은 불가능한 일이야. 그렇다고 우리가 탄 배에도 없었고……'

예픰이 잠깐 그런 생각을 하고 있을 때, 작은 노인이 기도를 하면서 고개를 세 번 숙였다.

처음에는 맞은편 상단을 향하여 절하고, 다음에는 양 옆에 있는 러시아 정교 사람들을 향하여 절을 하는 것이었다.

노인이 오른쪽으로 얼굴을 돌렸다. 그 바람에 예픰은 그 얼굴을 분명하게 볼 수 있었다. 역시 그였다. 틀림없이 옐리세이였다.

거무스름하고 곱슬곱슬한 턱수염, 희끗희끗한 구레나룻, 눈썹, 눈, 코 등등 생김새가 영락없는 옐리세이였다. 옐리세이 보드로프가 틀림없었다.

예핌은 친구를 찾아서 너무나 기뻤다. 그러나 그가 어떻게 자기보다 먼저 왔는지 놀라웠다.

'보드로프 이 친구, 어떻게 앞쪽으로 갔지! 아마 아는 사람을 만나 안내를 받았을 거야. 그래, 기도식이 끝날 때까지 저 영감을 기다리자.

수도복 입은 순례자를 떼어 버리고 이제 저 친구와 같이 다니면 되겠군. 그렇게 되면 아마 나도 앞자리에 서겠지!' 하고 예핌은 생각했다.

예핌은 혹시라도 옐리세이를 놓칠까 봐 줄곧 그쪽만 바라보고 있었다. 드디어 기도식이 끝났다. 많은 사람들이 십자가에 입맞추려고 몰려드는 바람에 예핌은 옆으로 밀려나게 되었다.

예핌은 지갑을 도둑맞게 될지도 모른다는 생각이 들었다. 순간 한 손으로 지갑을 꽉 잡은 채 혼잡한 곳을 빨리 벗어나려고 애썼다.

혼잡한 곳을 헤치고 나온 예핌은 한숨을 돌리고 나자, 옐리세이를 만나기 위해 그 근처를 정신없이 돌아다녔다.

대성당 안쪽 수도사의 방에는 여러 나라 사람들이 많이 보였다. 그들은 그냥 그 자리에서 도시락도 먹고 청량 음료도 마시고 잠도 자고 책을 읽는 사람도 있었다. 그러나 그 많은 사람들 중에 옐리세이는 보이지 않았다.

예핌은 혹시나 하는 생각에 숙소로 돌아와서 그곳을 둘러보았지만 거기서도 옐리세이를 찾을 수 없었다.

그날 밤 동행하던 순례자도 돌아오지 않았다. 그는 끝내 1루블을 갚지 않고 어디론가 가 버리고 말았다. 예핌은 외톨이가 되었다.

다음날 예핌은 땀보프에서 온 노인과 다시 그리스도 관에 경배 드리러 갔다. 그 노인은 배 안에서 알게 된 사람이었다. 예핌은 또 앞쪽으로 나가려 했지만 이번에도 사람들이 많아 뒷전으로 밀려나 버렸다.

그는 기둥 옆에 서서 기도를 드렸다. 그러다 문득 앞쪽을 보니 이번에도 역시 성화 밑의 그리스도 관 옆에 옐리세이가 서 있었다. 그는 제단 옆의 신부처럼 두 팔을 벌리고 있었는데, 그의 대머리는 빛을 받아 더 빛나고 있었다.

'좋아, 이번에는 절대 놓치지 말아야지.'

그는 그런 생각이 들자 사람들을 헤치고 앞으로 나갔다.

그러나 겨우 앞자리에 이르고 보니 옐리세이의 모습은 사라지고 보이질 않았다. 아마 어디로 가 버린 것 같았다.

셋째 날에도 눈에 제일 잘 띄는 그리스도 관 옆의 가장 성스러운 자리에 옐리세이가 있는 것을 보았다. 그는 두 팔을 벌리고 머리 위에 있는 무엇인가를 보는 듯 위를 우러러보고 서 있었다. 그의 대머리는 여전히 빛을 받아 빛나고 있었다.

'됐어, 이번엔 정말 놓치지 말자! 나오는 입구에서 지켜서 있어야지. 거기라면 못 만날 리 없어.'

예핌은 입구에서 오랫동안 지키고 서 있었다. 반나절을 서 있었지만 다른 사람들은 다 나왔는데도 옐리세이는 나오질 않았다.

예핌은 여섯 주일 동안 예루살렘에 머물며 성지를 여기저기 두루 돌아보았다. 베들레헴, 베다니, 요르단 강에도 가 보았다. 여기서 요르단 강의 물을 작은 병에 담았다. 그리고 그리스도 관 옆에서는 장례 때 입을 새 셔츠에 도장을 찍었다.

그는 예루살렘의 흙을 작은 주머니에 담았으며, 성화를 태운 양초를 기념으로 받았다. 이어서 여덟 곳이나 되는 연미사에 이름을 써 넣었다. 그렇게 해서 가진 돈을 몽땅 써 버리고 남은 것은 겨우 집으로 돌아갈 여비가 고작이었다.

예핌은 순례를 끝낸 뒤 야파에서 배를 타고 오제싸까지 갔다. 그리고 거기서부터 집까지 걸어갔다.

⚘⚘⚘

11

예핌은 올 때와 똑같은 길로 되돌아갔다. 집이 점점 가까워지면서 또다시 자기가 집을 비우고 떠난 뒤에 집안 식구들이 어떻게 지냈는지 걱정이 되었다.

'1년이나 지났으니 정말 많이 변했겠지. 한 집안을 이루는 데는 평생이 걸리지만, 재물을 잃는 것은 한 순간이야.

내가 집을 비운 사이에 아들 녀석은 집안일을 어떻게 처리했을까?

봄에 해야 할 농사 준비는 잘 마무리했을까? 겨울 동안 가축들은 아무 이상이 없었을까? 내가 시킨 대로 새집은 다 지었을까?'

예핌은 이런저런 생각을 하며 지난해 옐리세이와 헤어진 마을까지 왔다. 그 마을 사람들은 몰라보게 변해 있었다.

지난해는 흉년거지였던 사람들이 지금은 모두 여유 있는

생활을 하고 있었다.

밭에는 곡식이 무르익었다. 사람들은 형편이 나아져 지난해의 어려움을 잊고 있었다.

저녁 무렵 예핌은 지난해에 옐리세이가 물을 얻어 마시기 위해 들렀던 그 집에 이르렀다.

그가 그 집을 그냥 지나치려 할 때 그 집에서 흰 셔츠를 입은 소녀가 달려 나왔다.

"할아버지, 할아버지! 우리 집에서 쉬어 가세요!"

예핌은 그대로 지나치려 했지만 소녀는 옷자락을 붙들고 생글거리며 자기 집으로 끌어들였다.

현관 계단에서 남자아이를 데리고 서 있던 여자도 어서 오라고 손짓하고 있었다.

"할아버지, 우리 집에 오셔서 저녁을 드세요. 그리고 주무시고 가세요."

예핌은 집 안으로 들어갔다.

'일단 들어왔으니 옐리세이에 대하여 물어보자. 그 영감이 그때 물을 얻어 마시러 들른 집이 아마 여기쯤 될 텐데.'

예핌이 방안으로 들어서자 여자는 그의 어깨에 메고 있던 자루를 내려 주었다. 그러고 나서 씻을 물까지 떠다 주었다.

그녀는 식사 준비를 했다. 식탁에 우유와 만두를 내놓고 죽까지 올려놓았다.

예핌은 순례자에게 이런 친절을 베풀어 주어 고맙다고 인사한 뒤 그 가족들을 칭찬했다.

그러자 여자는 고개를 가로 저으며 말했다.

"우리는 순례자 분들을 친절하게 대접할 수밖에 없답니다. 어떤 순례자 덕분에 진정 사는 것이 어떤 것인지를 배웠으니까요.

전에는 하느님을 잊고 살았습니다. 그래서 하느님은 우리에게 시련을 주었습니다.

우리는 거의 다 죽게 되었지요. 지난 여름엔 먹을 것도 없는 상태에서 가족 모두가 병들어 누웠답니다. 그때 우리는 이미 죽은 거나 마찬가지였습니다. 그런데 마침 하느님께서 할아버지와 비슷한 분을 우리 집으로 보내 주셨지 뭐예요.

한낮에 물을 얻어 마시기 위해 들어오셨더군요. 그때 우리들을 보시고 불쌍히 여겨 우리 집에 머물렀지요.

굶주리고 병까지 들은 우리에게 마실 것과 먹을 것을 주었으며, 건강도 되찾게 해주었습니다. 그것도 분수에 넘치는 일인데 게다가 호밀밭과 풀밭을 찾아 주셨고, 수레와 말까지도 사 주셨지요. 그 뒤 그분은 아무 말없이 떠나 버렸지요."

그때 할머니가 들어오며 여자가 하는 말에 덧붙이어 이렇게 말했다.

"우리도 그분이 사람이었는지 천사였는지 알 수가 없었습니다. 우리 식구들 모두에게 은혜를 베풀어 주었는데, 아무 말도 없이 떠나 버렸어요.

그분의 이름조차 모르니 누굴 위해 하느님께 기도를 드려야 하나요. 지금도 그때 일이 눈에 선합니다.

나는 쓰러져 죽을 때만 기다리고 있었어요. 그런데 갑자기, 평범한 대머리 할아버지가 물을 얻어 마시려고 들어온 게 아니겠어요?

그때 나는 무엇 때문에 저렇게 기웃거리나 생각했지요. 그런데 그분은 방금 말한 그런 일을 해주셨답니다. 우리들을 보자, 등에 메고 있던 자루를 곧바로 내려놓고…, 그래 이 자리예요. 바로 이 자리에다 내려놓고 먹을 것을 꺼냈답니다."

할머니가 그렇게 말하자, 소녀가 아니라며 말을 꺼냈다.

"아니에요, 할머니. 처음엔 방 한복판에 자루를 내려놓았다가 나중에 의자(여러 사람이 걸터앉을 수 있도록 길게 만든 의자)

에 올렸잖아요."

이렇게 그들은 서로 말을 이어 가며 그 노인이 했던 모든 일들을 하나하나 털어놓기 시작했다.

어디에 앉았으며, 어디에서 잤으며, 어떤 일을 그리고 어떤 말을 어떻게 했는지, 그들은 끝도 없이 들려주었다.

밤이 되자 주인 남자가 말을 타고 돌아왔다. 그도 역시 옐리세이에 대한 이야기를 했다. 옐리세이가 자기 집에 있는 동안 무엇을 어떻게 했는지 들려주기 시작했다.

"만약 그분이 오시지 않았다면 우리 식구들은 사람들에게 죄를 짓고 죽었을 겁니다. 절망 속에서 하느님과 사람들을 원망하며 죽음을 기다리고 있었으니까요.

그런데 그분이 오셔서 우리를 살려 주셨습니다. 그래서 우리는 그분을 통하여 하느님과 착한 사람을 믿게 되었지요.

하늘에 계신 예수 그리스도여! 부디 그분을 보호하여 주시옵소서. 그분은 짐승과 다를 바가 없이 살았던 우리를 사람답게 만들었나이다."

그들은 예핌에게 마실 것과 잠자리를 마련해 주었다. 그리고 잠을 자러 갔다.

예핌은 잠이 오질 않았다. 예루살렘에 머물 때 옐리세이

가 세 번이나 앞자리에서 기도한 그 일이 머리 속을 맴돌
았기 때문이다.

'그렇다, 옐리세이는 여기서 나를 앞서갔구나! 내 소망을
하느님이 받아들이셨을까? 그건 그렇다 해도 그 친구의 소
망은 받아들이신 게 틀림없어.'

다음날 아침, 예핌은 그 집 식구들에게 작별 인사를 했다.
그 집 식구들은 가는 길에 먹으라고 그의 자루 속에 고기
만두를 넣어 주었다. 그리고 그들은 일터로 나갔다.

예핌은 다시 자기 집을 향해 걸었다.

❀❀❀

12

예핌은 꼭 1년이 지난 바로 그 다음해인 봄에 집으로 돌
아왔다. 집에 도착한 것은 해가 질 무렵이었다. 아들은 집
에 없었고, 밤 늦도록 술집에 있었던 것이다. 아들이 술에
잔뜩 취한 채 돌아왔다.

예핌은 아들에게 여러 가지 궁금한 것들을 물어보았다.
집안 분위기로 보아 그가 집을 비운 동안 아들이 아무 일
도 하지 않았다는 것을 알 수 있었다. 일도 손에서 논 상태

였다. 예핌은 아들을 꾸짖었다. 그러자 아들은 말끝마다 말대꾸를 했다.

"그럼 아버지가 직접 하면 될 것 아닙니까. 아버지는 집에 있는 돈을 몽땅 가지고 순례를 떠났지요. 그래, 나보고만 뭐라고 해요?"

노인은 화를 이기지 못해 아들을 때렸다.

다음날 아침, 예핌 따라싀치는 아들 문제로 이장을 만나러 가던 길에 옐리세이의 집 앞을 지나가게 되었다. 그때 옐리세이의 아내가 문 앞 계단에 서서 인사를 했다.

"안녕하세요, 영감님. 무사히 돌아오셨군요!"

예핌은 걸음을 멈추고 말했다.

"덕분에 잘 다녀왔습니다. 가는 길에 옐리세이와 헤어졌는데, 그가 먼저 돌아왔다면서요?"

그러자 옐리세이의 아내가 수다스럽게 이야기를 마구 늘어놓았다.

"벌써 오래 전에 돌아오셨어요. 영감님! 성모승천제가 지난 뒤 곧 돌아온 걸요.

하느님의 은총으로 무사히 돌아왔지요. 식구들이 아주 기뻐했어요. 그분이 안 계시면 집안이 허전하답니다. 이젠 나이가 들어서 큰일은 못해요. 그렇지만 한 집안의 가장이니

톨스토이의 교육적인 이야기 *225*

모두들 의지하는 거지요.

글쎄, 아들이 얼마나 반가워하든지! 아버지가 안 계실 땐 막막했다는 거예요. 그분이 집에 없으면 정말 허전해요. 식구들 모두는 그를 의지해요. 그리고 소중하게 생각합니다."

"그럼 지금 집에 있어요?"

"예, 계세요. 벌통에서 벌을 나누고 있어요. 올해 깐 어린 벌은 아주 좋아요. 모든 것이 하느님의 은총 때문이지요. 그이도 그렇게 건강한 벌은 처음 봤다고 했어요.

우리가 죄를 짓지 않고 사니까 하느님께서 은총을 내리신 거예요. 아마 영감님을 보면 무척 반가워하실 겁니다."

예핌은 현관을 들어서서 마당을 지나 옐리세이가 있는 곳으로 갔다. 그곳에는 벌통이 있는데 옐리세이는 회색 까푸탄만 입었지 망도 쓰지 않고, 장갑도 끼지 않았다. 그런 그가 자작나무 밑에 서서 두 팔을 벌린 채 하늘을 쳐다보고 있었다.

그의 대머리는 예루살렘의 그리스도 관에서 본 것처럼 환히 빛났다.

자작나무 잎 사이로 햇빛이 들어 머리는 빛을 발하고, 머리 둘레에는 황금빛 꿀벌이 둥근 원을 그리며 날고 있었다.

예핌이 멈추어 섰다.

옐리세이의 아내가 남편을 불렀다.

"예핌 영감님이 오셨어요!"

옐리세이는 반가운 마음으로 친구에게 달려갔다.

그는 턱수염 속으로 날아든 꿀벌을 살며시 집어내면서 물었다.

"어서 오게. 그래, 잘 갔다 왔나?"

"몸만 잘 갔다 왔지. 자네한테 주려고 요르단 강물을 떠 왔네. 나중에 우리 집에 들르거든 가져 가게. 그런데 하느님께서 내 기도를 받아 주셨는지……"

"하느님, 은총을 베푸소서!"

예핌은 잠시 생각에 잠기더니 입을 열었다.

"아무래도 몸만 갔다 온 것 같네, 짐작컨대 딴 사람의 영혼이 갔다 왔을지도 모를 일이야."

"모든 일이 하느님의 뜻이야, 예핌! 하느님의 뜻이라고."

"돌아오는 길에 자네가 물 마시러 들른 그 농가를 나도 들렸다네."

옐리세이는 깜짝 놀라며 말했다.

"모든 일이 하느님의 뜻이야, 예핌! 하느님의 뜻이라고. 자, 어서 안으로 들어가게. 내가 채밀(꿀을 뜸)을 하고 갈 테니……"

옐리세이는 화제를 집안 이야기로 돌렸다.

예핌은 한숨을 내쉬었다. 그리고 그 농가에서 있었던 이야기나 예루살렘에서 그를 보았다는 말은 한마디도 하지 않았다.

그는 모든 사람들이 죽는 날까지 사랑과 선행으로 자기의 의무를 다하는 것이 하느님에 대한 본분이라는 것을 깨닫게 되었다. 그것이 우리를 이 땅에 보내신 하나님의 뜻이라는 것을……

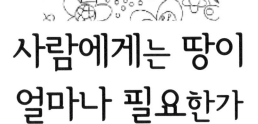

사람에게는 땅이
얼마나 필요한가

사람에게는 땅이 얼마나 필요한가

❀❀❀

1

도시에 사는 언니가 시골에 사는 동생을 찾아왔다. 언니는 상인과 결혼해서 도시에 살고 있고, 동생은 농부와 결혼해서 시골에 살고 있다.

언니와 동생은 차를 마시며 다정하게 이야기를 나누었다. 언니는 자기가 얼마나 화려한 집에서 남부럽잖게 살고, 아이들은 얼마나 예쁜 옷과 맛있는 음식을 먹고 마시는지, 마차를 타고 놀러 다니기도 하고 극장 구경은 얼마나 많이 하는지 자랑이 대단했다.

동생도 여기에 지지 않고 열을 올리며 상인의 몰인정하고도 고단한 삶을 꼬집고는 농부의 생활을 치켜세웠다.

"나는 우리 시골 생활을 언니네 도시 생활과 바꿀 생각이 조금도 없어요. 우리 시골 생활은 호화롭지는 않지만 마음이 그렇게 편할 수가 없어요.

언니네 도시 생활은 우리보다 좀 더 호화롭고 편하겠지요. 하지만 많이 벌어 부자가 되든지 망해서 빈털터리가 되든지 둘 중 하나 아니에요?

이런 속담이 있잖아요.

'오늘의 부자가 내일은 남의 집 처마 밑에 선다.'는 말도 있고요.

거기에 비하면 우리네 농사일은 틀림이 없지요. 농부의 생활은 정직하고 안정적이지요. 비록 큰 부자는 못 되더라도 배를 곯는 일은 없거든요."

동생이 이렇게 말하자 언니가 은근히 비꼬면서 말했다.

"배만 안 고프면 되는 거니? 소 돼지하고 살면서! 아무리 일을 해봐야 좋은 옷도 입을 수 없고, 훌륭한 파티도 없으니 좋은 사람을 사귈 기회도 없겠지!

네 남편이 아무리 뼈 빠지게 일해 봐야 너희는 어차피 돼지우리 같은 곳에서 살다가 죽어갈 거야, 네 아이들도 마찬가지고."

동생이 지지 않고 말했다.

"그럼 어때요? 그게 우리의 생활인걸요. 그 대신 우리네 생활은 건전해서 흔들림이 없어요. 누구에게 머리를 숙여

아부할 필요도 없고 두려워할 필요도 없어요. 그러나 언니가 사는 도시는 모두들 끊임없는 유혹 속에서 불안한 삶을 살지요.

오늘은 무사하겠지만 내일은 어떤 악마에게 홀릴지도 몰라요.

이렇게까지 말해서는 안 되겠지만 형부도 도시의 유혹에 빠지면, 전 재산을 탕진하고 언제 어느 때 빈털터리로 남게 될지 몰라요. 그땐 모든 게 끝장이에요. 그렇잖아요?"

동생의 남편 빠홈은 난롯가에 앉아서 여자들이 하는 이야기를 듣다가 한마디 거들었다.

"그건 맞아요. 우리는 어릴 때부터 땅에 묻혀서 살아왔기 때문에 바보처럼 그런 유혹에 빠질 시간이 없어요. 하나, 유감스러운 일은 땅이 넉넉하지 않다는 거죠!

원하는 만큼 땅이 있다면 세상에 겁날 것이 없지요. 설령 악마라도 두렵지 않아요."

여자들은 차를 다 마시고 나서도 잠시 동안 예쁜 옷과 맛있는 음식에 대한 이야기를 했다. 이어서 그들은 찻잔을 치운 뒤 잠자리에 들었다.

때마침 악마란 놈이 난로 뒤에 숨어서 그들이 하는 이야기를 다 들었다.

악마는 농부의 아내와 농부가 서로 우쭐해 하며 맞장구 치는 것을 보고 몹시 기뻤다.

농부가 땅만 있으면 악마도 무섭지 않다고 큰소리쳤기 때문이다.

악마는 미소를 지으며 생각했다.

'그럼, 좋아! 어디 한번 겨뤄 보자. 내가 너에게 땅을 넉넉하게 주지. 그리고 그 땅으로 너를 사로잡겠다.'

❀❀❀

2

이 마을에 땅을 가진 한 여지주가 머슴들을 두고 살았다. 그녀의 땅은 120제샤치나(1제샤치나는 약 1.092ha. 1ha는 약 0.01km²)였다. 이 여지주는 지금까지 농부들과 별다른 갈등도 없이 사이좋게 지냈다.

그런데 얼마 전에 이 여지주가 고용한 군인 출신의 남자 마름(지난날, 지주의 위임을 받아 소작지를 관리하던 사람)이 걸핏하면 농부들에게 벌금을 물리며 그들을 괴롭히는 것이었다. 빠홈이 아무리 조심을 해도 마름의 손에서 벗어날 수 없었다.

빠홈의 말이 지주의 귀리 밭에 뛰어들고, 암소가 정원에 들어가고, 송아지가 목초지로 뛰어들어가 초지를 망쳐 놓았다. 그때마다 빠홈은 벌금을 물었다.

벌금을 물 때마다 빠홈은 화를 내며 말과 소를 채찍질하기도 하고 집안 식구들에게 분풀이를 했다.

이 마름 때문에 빠홈은 여름 동안 많은 곤란을 겪게 되었다. 그나마 우리 속에 가축을 가두는 계절이 되자 마음이 놓였다. 놀고 먹는 가축에게 먹이를 주는 것이 아깝기는 해도 걱정거리가 사라진 셈이다.

그해 겨울 여지주가 땅을 팔려고 내놓았다. 이때 큰길에 있는 저택의 마름이 땅을 살 거라는 소문이 돌았다. 그 소문에 농부들은 어쩌지 못하고 한숨만 내쉬었다.

'이거 정말 큰일 났네. 만일 고약한 저택의 마름이 땅을 산다면 그놈은 여지주보다 더 많은 벌금을 매겨 우리를 괴롭힐 것이다. 그렇다고 우리가 그 땅을 떠나 살 수도 없다. 우리 모두 그 땅이 있어야 살 수 있으니까.'

농부들은 논의를 끝내고 무리지어 여지주를 찾아갔다. 그리고 사정했다.

땅을 저택 마름에게 팔지 말고 자기들에게 넘기면 저택 마름보다 돈을 더 많이 주겠다는 약속까지 했다. 여지주는 승낙했다.

농부들은 공동으로 돈을 모아 땅을 전부 사 들이기로 하고 한두 번 모였으나 좀처럼 의견의 일치를 보지 못했다.

악마가 훼방을 놓았기 때문에 의견을 모을 수가 없었던 것이다.

농부들은 결국 형편 닿는 대로 땅을 나누어 사기로 했다. 여지주도 이를 승낙했다.

빠홈은 이웃집 농부가 여지주에게서 20제샤치나의 땅을 샀는데, 땅값의 절반은 살 때 주고 나머지 절반은 1년 후에 주기로 했다는 말을 들었다.

빠홈은 그것이 부럽기도 하고 조급하기도 했다.

'다른 농부들이 땅을 다 사 버리면 나는 아무것도 없게 되잖아.'

그래서 그는 아내와 상의를 했다.

"모두들 땅을 사는데 우리도 10제샤치나 정도는 사야 하지 않겠소? 안 그러면 우린 여기서 살 수 없을 거요. 마름이 지금보다 더 많은 벌금을 물릴 테니까."

부부는 어떻게 해야 땅을 살 수 있는지, 곰곰이 생각해 보았다.

그들은 저금한 돈 100루블과 망아지 한 마리, 벌통 절반을 팔고 아들도 다른 집 머슴으로 보냈다. 그래도 부족하자, 동서에게 빚을 얻어 땅값의 절반을 마련했다.

돈이 모이자 빠홈은 작은 숲이 있는 15제샤치나의 땅을 골라 놓았다. 그리고 여지주의 집으로 찾아가 땅값을 흥정한 뒤 계약을 했다. 매매 수속을 마친 그는 땅값의 절반을 현금으로 나머지 절반은 2년 안에 갚기로 했다.

이렇게 해서 빠홈은 땅 주인이 되었다. 그는 새로 산 땅에 씨앗을 뿌렸다. 농사는 대풍이었다. 그리하여 1년 만에 여지주와 동서에게 진 빚을 다 갚을 수 있었다.

빠홈은 이제 진짜 지주가 되었다. 자기의 땅을 갈아 씨앗을 뿌리고, 자기의 초지에서 풀을 베고, 자기의 숲에서 땔감을 구하고, 자기의 땅에서 가축을 길렀다.

빠홈은 영원히 소유할 수 있게 된 땅을 일구고 씨앗을 뿌려 그것이 싹으로 자랄 때 여간 기쁘지 않았다.

자기네 땅에서 자라는 풀도 꽃도 다른 집 것들 보다 훨씬 더 좋게 보였다. 무심히 지나다니던 땅이지만 지금은 너무나 특별한 땅인 것처럼 생각되었다.

❀❀❀

3

이렇게 빠홈은 만족할 만한 생활을 하고 있었다. 모든 것이 생각대로 되는 듯했다. 그러나 이웃 농부들이 풀밭에 소를 풀어놓기도 하고 야경꾼의 말이 곡식밭에 들어가기도 했다.

빠홈이 이웃에게 가축을 잘 관리해 달라고 점잖게 부탁을 해보았다. 그러나 아무 소용이 없었다.

그럴 때마다 빠홈은 이웃의 가축을 내쫓기만 했지 한 번도 고소한 적이 없었다.

그래도 그런 일이 계속되자 빠홈은 더 이상 참을 수가 없어서 재판소에 이웃을 고소하게 되었다.

빠홈이 이웃의 사정을 모르는 것도 아니었으나, 그는 이렇게 생각했다.

'이대로 내버려 둘 순 없다. 그러다 보면 사람들이 우리 풀밭을 다 망쳐 버릴지도 몰라, 그러니 혼을 내야 해.'

그리하여 빠홈은 재판을 걸어 두 사람에게 벌금을 물게 했다. 그러자 이웃 사람들이 빠홈에게 앙심을 품고 밭을 망가뜨리는 것이었다.

어떤 사람은 밤이 되자 몰래 빠홈의 숲으로 들어가 열 그루나 되는 보리수를 베고 껍질까지 벗겼다.

다음날 아침 숲을 지나던 빠홈은 무언가 하얀 것을 발견했다. 가까이 가 보니 껍질이 벗겨진 보리수가 여기저기 흩어져 있고, 잘린 나무는 밑동만 남아 있었다.

빠홈은 화가 치밀어 올랐다.

'도대체 어느 놈이야? 가만두지 않겠어!'

그는 누구의 짓일까 곰곰이 생각해 보았다.

'아마, 솜까의 짓일 거야!'

빠홈은 솜까를 범인으로 생각하고 그의 집을 몰래 살폈으나 아무런 증거도 찾지 못한 채 말다툼만 하다 돌아왔다.

빠홈은 더욱더 솜까의 짓이라는 생각이 들었다. 마침내 솜까가 범인이라고 확신한 빠홈은 그를 고소했다.

결국 두 사람은 법정에 섰다. 몇 차례 재판을 받았으나 증거가 불충분하여 솜까는 무죄 선고를 받았다.

빠홈은 자기가 원하는 대로 판결이 나질 않자 화를 내며 이장에게도 재판관에게도 욕설을 퍼부어 가며 싸웠다.

"당신들이 도둑의 편을 들 수 있어요? 만약 당신들이 정직하다면 도둑을 무죄로 풀어 주진 않았을 겁니다."

빠홈은 이웃과 재판관을 상대로 종종 싸웠다. 그런 일로 감정이 상한 마을 사람들은 그의 집에 불을 지르겠다고 위협했다. 이렇게 빠홈은 넓은 땅을 가지고 있었지만 마을이라는 작은 세상에서 가장 외로운 사람으로 살게 되었다.

그러던 어느 날, 마을 농부들이 새로운 땅을 찾아 떠난다는 소문이 돌았다.

빠홈은 생각했다.

'나는 내 땅이 있는데 왜, 떠나? 암, 떠날 이유가 없지. 누구든 떠난다면 농사지을 곳이 더 많아지겠지.

그들의 땅을 사 들여 이 일대를 내 것으로 만들어야지, 그러면 전보다 생활도 더 나아질 거야. 그렇지 않아도 비좁은데 참 잘됐군.'

어느 날 마을을 지나가던 나그네가 빠홈을 찾아왔다. 그은 나그네를 집에 재우고 밥도 주었다.

그들은 서로 세상 돌아가는 이야기를 나누었다. 이야기를 나누던 중에 빠홈이 나그네에게 어디서 왔느냐고 물었다.

나그네는 저 아래 볼가 강 쪽에서 왔는데, 그는 여기저기 떠돌며 일을 한다고 말을 했다. 지금 강 쪽은 많은 사람들이 이주해 온다는 소식을 전해 주었다.

사람들이 이주를 해서 마을 조합에 들게 되면 한 사람 앞에 10제샤치나의 땅을 나누어 준다는 말도 했다.

"그런데 그 땅이 얼마나 기름진지 호밀을 심으면 서 있는 소나 말의 등이 보이지 않을 만큼 무성하게 자라고, 다섯 줌으로 한 다발이 될 만큼 밀알이 굵어요. 어떤 농부는 빈손으로 왔는데 지금은 말 여섯 마리와 암소 두 마리를 가지게 되었답니다."

이 말을 들은 빠홈은 가슴이 마구 뛰기 시작했다.

'정말, 그렇게 잘살 수 있다면 굳이 이 좁은 땅에서 얼굴 붉히며 살 필요가 없지. 당장 집과 땅을 팔아 새롭게 시작해 보자.

이런 비좁은 마을에서 살다가는 인심을 잃고 끝내는 죄만 짓게 될 거야. 아무튼 내가 직접 가서 살핀 뒤 이주를 해야지.'

여름이 되자 빠홈은 채비를 하고 길을 떠났다. 볼가 강에서 배를 타고 내려가 사마라까지 간 뒤, 그곳에서 다시 400베르스따(1베르스따는 1,067m) 정도는 걸어서 갔다.

마침내 목적지에 도착했다. 모든 것이 나그네가 말한 대로였다.

농부들은 한 사람 앞에 10제샤치나의 땅을 받아서 여유롭게 살고 있었으며, 아무나 조합에 들어갈 수도 있다.

나누어 주는 땅 외에도 3루블만 있으면 가지고 싶은 땅을 얼마든지 살 수 있었다.

여러 가지 조건을 꼼꼼하게 살핀 빠홈은 집으로 돌아와 이것저것 모든 것을 다 팔았다.

땅은 제법 많은 이익을 보고 팔았다. 집도 가축도 좋은 가격에 팔았다.

마을 조합에서 호적을 정리한 빠홈은 봄이 되기를 기다렸다가 가족과 함께 새로운 땅으로 이주를 했다.

✿✿✿

4

가족을 데리고 새로운 땅으로 간 빠홈은 어떤 큰 마을의 조합에 들어가기로 했다.

빠홈은 마을 어르신을 모셔 놓고 술을 대접한 뒤 필요한 모든 서류를 갖추었다. 얼마 지나지 않아 조합원이 되었고, 조합원이 된 빠홈은 다섯 사람 몫의 땅을 나누어 받았다.

그것은 여러 군데 흩어져 있기는 했지만 땅과 초지가 50제샤치나가 되었다. 빠홈은 그곳에 집을 짓고 가축을 사들였다.

그의 땅은 예전보다 세 배나 늘었다. 더욱이 곡식이 잘 자라는 기름진 땅이었다.

생활도 전에 비해 열 배나 나아졌다. 농사를 지을 땅과 가축에게 먹일 풀밭도 넉넉했다. 그래서 가축도 얼마든지 기를 수 있었다.

처음 집을 짓고 가축을 사들일 때만 해도 빠홈은 매우 만족스러웠다. 그러나 자리가 잡히면서 점차 살림이 늘자 이 땅도 좁다는 생각이 들었다.

첫해에 빠홈은 자기 밭에 호밀을 심었다. 농사는 풍년이었다. 호밀을 더 심으려고 했으나 나머지 땅은 호밀농사에 맞지 않았다.

이 고장에서는 호밀을 묵혀 둔 땅에 심는데, 1~2년 심고 나면 풀이 다시 자랄 때까지 내버려 둔다. 그러니 그런 땅은 구하기가 어려워서 모든 사람에게 다 돌아가지 않는다.

결국 이주한 곳에서도 땅을 놓고 싸움이 벌어진다. 돈이 많은 사람들은 묵혀 둔 땅을 사서 직접 농사를 지으려 했고, 가난한 사람들은 땅을 빌려 농사를 지어야 했다.

다음해 빠홈은 호밀을 더 심고 싶어 어느 상인에게 돈을 주고 1년 동안 땅을 사용하기로 했다.

그는 더 많은 호밀을 심었다. 풍년이었다. 풍년이라고 해도 그 땅이 마을에서 15베르스따나 떨어져 있어 그것을 실어 나르는데 온갖 어려움을 다 겪었다.

그렇게 하지 않아도 어떤 사람은 마을 가까이에서 장사도 하고 농사도 지으며 좋은 집과 넓은 농장을 가지고 잘 산다.

'만일 나도 저 사람들처럼 마을 가까운 곳에 넓은 땅을 사들이면, 좋은 집도 넓은 농장도 만들 수 있을 텐데. 그렇게 되면 이 마을에서 부러울 것이 없겠지.'

빠홈은 어떻게 해서든지 많은 땅을 자기 것으로 만들어야겠다고 결심했다.

이렇게 3년이 흘렀다. 그동안 빠홈은 해마다 많은 땅을 빌려서 호밀을 심었다. 그때마다 풍년이 들어 돈도 많이 모았다. 생활은 그런대로 넉넉해졌다. 그렇지만 해마다 땅을 빌리기 위해 비위를 맞춘다는 것은 쉬운 일이 아니었다.

어디든 좋은 땅이 나오면 당장 사람들이 몰려들어 돈을 주고 빌려 가 버린다. 그러니 제때에 땅을 빌리지 못하면 한 해 농사를 망치게 된다.

그렇게 농사를 지은 지 3년 만에 빠홈은 어느 상인과 돈을 반반씩 내어 땅을 빌렸다. 그 땅을 갈아 밭을 만들어 놓았지만 농부들의 소송으로 일이 허사가 되고 말았다.

빠홈은 이렇게 생각했다.

'만일 이 땅이 내 땅이었다면 남에게 머리를 숙일 필요도

없고, 이런 일도 당하지 않았을 텐데.'

그래서 빠홈은 영원한 내 땅을 갖기 위해 길을 나섰다. 그러던 어느 날 한 농부를 찾아냈다.

그 농부는 500제샤치나의 땅을 가지고 있었는데 망해서 헐값에 판다는 것이었다.

빠홈은 그 농부와 여러 차례 흥정을 벌렸다. 흥정 끝에 1,500루블에 사기로 하고 땅값의 절반은 현금으로, 나머지 절반은 필요한 때 주기로 하였다.

이렇게 흥정이 마무리 되어 갈 무렵, 어떤 상인이 빠홈의 집에 들렀다. 두 사람은 차를 마시며 잠시 이야기를 나누었다. 상인은 멀리 바시키르에서 오는 길이라고 했다.

그 사람은 바시키르 원주민들에게서 1,500제샤치나의 땅을 고작 1,000루블에 샀다고 이야기했다.

터무니없이 싼 가격에 깜짝 놀란 빠홈은 그 이유를 상세히 묻기 시작했다.

상인이 대답했다.

"그저, 노인들의 비위만 잘 맞춰 주면 됩니다. 100루블 정도의 옷과 양탄자를 선물하고 그 밖에 차 한 상자와 술 마시는 사람들을 위해 술을 대접했지요.

그랬더니 그들은 나에게 1제샤치나에 20까뻬이까를 받

고 헐값에 땅을 넘겼습니다."

이렇게 말하며 상인은 땅문서를 보여 주었다.

"이 땅은 냇물을 끼고 있으며 모두 갈대로 뒤덮인 초원이랍니다."

흥미를 느낀 빠홈은 이것저것 궁금한 것을 묻기 시작했다. 그러자 상인이 대답했다.

"얼마나 넓은지 그 땅은 1년을 걸어도 다 돌아보지 못할 정도입니다. 그게 모두 바시키르 원주민의 땅이지요. 그 사람들은 세상 돌아가는 것을 잘 모릅니다. 그러니 땅을 거의 공짜로 살 수 있는 거죠."

이 말을 듣고 빠홈은 생각했다.

'500제샤치나 밖에 되지 않는 땅에 1,500루블이라! 그렇다면 빚까지 질 필요가 있을까?

그곳에 가면 1,000루블로 얼마든지 많은 땅을 살 수 있는데 말이야!'

❀❀❀

5

빠홈은 상인에게 바시키르로 가는 길을 자세히 물었다. 그러자 상인은 가는 길을 자세히 가르쳐 주었다.

그와 작별한 빠홈은 바로 떠날 준비를 했다. 집안일은 아내에게 맡기고 하인 한 사람만 데리고 길을 나섰다.

빠홈은 시내에 들러 상인이 말한 대로 옷과 양탄자 그 밖의 여러 가지 선물을 사고 술도 샀다.

빠홈과 하인은 꼬박 일주일을 걸어서 500베르스따쯤 가자, 바시키르 원주민들이 가축을 기르며 사는 땅이 보였다.

모든 것이 상인이 말한 그대로였다. 그들은 초원이 끝없이 펼쳐진 강가에서 펠트(양털이나 그 밖의 짐승 털을 습기와 열을 가하여 눌러 만든 천) 천막을 치고 살았다. 그 원주민들은 농사도 짓지 않고 빵을 만들어 먹지도 않는다.

넓은 초원에는 소와 말들이 떼지어 다니며 풀을 뜯고 있었다. 천막 뒤에는 망아지들이 매어져 있었다. 여자들은 하루에 한두 번씩 어미 말을 천막 뒤로 끌고 가 젖을 짠다. 그리고 그것을 휘저어 치즈를 만들고, 삭혀 꾸미스라는 술을 만든다.

남자들은 꾸미스와 차를 마시고 양고기를 먹으며 한가롭

게 피리를 불 뿐이었다.

그들은 모두 건강하고 쾌활했다. 여름에는 날마다 음식을 차려 놓고 여럿이 모여 흥겹게 놀기만 하였다.

사람들은 모두 얼굴이 그을린 상태로 친절은 했으나 러시아 말은 전혀 못하였다.

빠홈을 보자 바시키르 원주민들이 천막에서 우르르 몰려나와 그를 에워쌌다. 통역이 나왔다. 빠홈은 땅을 사러 왔다고 말했다.

바시키르 원주민들은 몹시 기뻐하며 빠홈을 제일 좋은 천막으로 안내했다.

그들은 빠홈에게 깃털 방석을 내어주었다. 빠홈이 방석에 앉자 자기들도 그 주위에 둘러앉아 차와 꾸믜스를 대접했다. 양도 잡아 양고기 요리도 대접했다.

환대를 받은 빠홈은 마차에서 가지고 온 선물을 꺼내어 바시키르 원주민들에게 나누어 주었다. 그러고 나서 차도 나누어 주었다.

바시키르 원주민들은 몹시 기뻐했다. 그들은 자기들끼리 무언가 소곤거리더니 통역을 시켜 이렇게 말했다.

"우리는 당신이 마음에 듭니다. 당신이 우리에게 좋은 선물을 주셨으니 우리도 전통에 따라 기쁘게 해주고 싶습니다.

우리가 가지고 있는 것 중에서 원하는 것이 있으면 말씀하세요. 무엇이든 선물로 드리겠습니다."

빠흠이 말했다.

"아, 그렇게 하시겠다니 정말 고맙습니다. 내가 원하는 것은 당신들의 땅입니다.

우리가 살고 있는 곳은 땅이 부족한데다가 곡식을 오래 심어 먹었기 때문에 땅이 기름지질 못합니다. 그런데 여기는 땅이 충분하고 기름집니다. 이처럼 좋은 땅은 처음 봅니다."

통역이 그 말을 전했다. 바시키르 원주민들은 자기들끼리 잠시 의논하였다. 빠흠은 그들의 말을 알아들을 수는 없었지만 기분 좋은 듯 웃고 있었다. 잠시 후 통역이 말을 전했다.

"당신이 베푼 친절에 보답하는 의미에서 원하는 만큼 땅을 드리겠다고 합니다. 어느 땅이든지 손으로 가리키면 당신의 땅이 되는 것입니다."

그런데 갑자기 자기들끼리 의논을 하다가 다투기 시작했다. 빠흠은 왜 다투느냐고 물어보았다.

통역이 대답했다.

"땅에 관한 문제라면 이장님께 물어서 결정해야 한다는 사람과 그러지 않아도 된다는 사람이 있습니다."

❁❁❁

6

바시키르 원주민들이 다투고 있는데 갑자기 여우털 모자를 쓴 남자가 천막 안으로 들어왔다. 순간 모두들 입을 다물고 자리에서 일어났다.

통역이 말했다.

"이분이 바로 이장님이십니다."

빠홈은 얼른 일어나 준비해 온 것 중에서 제일 좋은 옷과 5푼뜨짜리 차를 꺼내 주었다.

그것을 받아 든 이장은 제일 윗자리에 가서 앉았다. 그러자 바시키르 원주민들은 이장과 뭔가를 이야기하기 시작했다.

이장은 그들의 말을 듣고 나서 머리를 끄덕였다. 그리고 바시키르 원주민들에게 조용히 있으라고 하더니 빠홈에게 러시아 말로 말하기 시작했다.

"좋습니다. 당신이 원하는 만큼 가지세요. 땅은 얼마든지 있으니까요."

이 말을 듣고 빠홈은 생각했다.

'세상에, 원하는 대로 땅을 가질 수 있다니 어떻게 가져야 좋을까? 당장 계약을 해야겠어. 그렇지 않으면 준다고 했다가 나중에 도로 빼앗아 갈지 몰라.'

그래서 빠홈은 말했다.

"친절한 말씀 고맙습니다. 나는 그렇게 많은 땅을 원하지 않습니다. 다만 내 땅이 정확하게 얼마만큼인지 재어서 확실하게 해 두었으면 합니다.

사람이란 언제 죽을지 모르니까요. 당신들은 좋은 분이니까 그렇게 주시겠지만, 세월이 흐른 뒤 당신의 아이들은 도로 빼앗아 갈지도 모르잖습니까?"

이장이 대답했다.

"당신 말이 옳습니다. 땅의 경계를 분명히 해 드리겠습니다."

빠홈이 다시 말했다.

"내가 알기로는 어떤 상인이 여기에 와서 땅을 샀다고 들었습니다. 그 당시 그 사람에게 땅문서를 만들어 주었다는데, 나에게도 그렇게 해 주었으면 좋겠습니다."

이장은 그 말뜻을 알아듣고 이렇게 말했다.

"그런 거야 어려운 일이 아니지요. 얼마든지 해 드릴 수 있습니다. 우리에겐 서기가 있으니 함께 시내로 가서 서류를 만들도록 합시다."

빠홈이 먼저 돈 얘기를 꺼냈다.

"땅값은 얼마면 되나요?"

"여기서는 땅값이 하나로 정해져 있습니다. 하루치에 1,000루블입니다."

빠홈은 잘 알아들을 수가 없었다.

"하루치란 어떻게 재면 되지요. 대체 몇 제샤치나나 됩니까?"

"우리는 숫자에 서툴러서 그런 것은 잘 모릅니다. 그저 하루를 기준으로 땅을 팔고 있지요.

해가 떠서 질 때까지 당신이 걷는 만큼 당신 땅이 되는 것입니다. 그래도 하루 땅값은 1,000루블입니다."

빠홈은 놀랐다.

"세상에! 하루 종일 걷는다면 엄청나게 많은 땅이 되겠는데요."

이장이 웃으면서 대답했다.

"네, 그게 다 당신의 땅이 됩니다. 다만 한 가지 조건이 있습니다.

만약 해가 지기 전에 출발한 곳으로 돌아오지 못하면 당신 돈은 받지 못할 겁니다. 이 사실을 반드시 기억하세요."

빠홈이 물었다.

"잘 알았습니다. 그렇다면 내가 돌아다닌 땅은 어떻게 표시를 하지요?"

"당신이 원하는 장소에 우리가 가서 서 있겠습니다. 그러면 당신은 그곳을 출발하여 한 바퀴 돌아오면 됩니다.

그때 당신은 삽을 가지고 가서 영역을 표시하고 작은 구덩이를 판 다음 잔디를 심어 주세요.

나중에 우리가 구덩이와 구덩이 사이를 쟁기질할 테니까요. 그럼 그것이 당신의 땅이 되는 겁니다.

어떤 식으로 돌아다니던 상관이 없지만, 반드시 해가 지기 전에 출발했던 장소로 돌아와야 합니다."

빠홈은 몹시 기뻤다. 그들은 다음날 아침 일찍 출발 장소에 가기로 했다.

그런 뒤에 이장과 많은 이야기를 했다. 날이 저물 때까지 꾸믜스(술)도 마시고 양고기도 먹고 거기다 차까지 마셨다.

어느새 밤이 깊었다. 바시키르 원주민들은 빠홈에게 깃털이 들어 있는 푹신한 이불로 잠자리를 만들어 주고 각자 자기들의 천막으로 돌아갔다.

❀❀❀

7

빠홈은 푹신한 이불에 누웠는데도 땅 생각에 잠을 이루지 못했다.

'많은 땅을 차지하고 말겠어. 요즘은 해가 기니까 하루 종일 걸으면 50베르스따 정도는 돌 수 있을 거야. 50베르스따 정도면 꽤 넓은 땅이겠지?

그중 나쁜 땅은 팔거나 다른 사람에게 빌려 주고, 좋은 땅만 골라서 농사를 지어야지.

황소 두 마리가 끌 수 있는 쟁기를 사고, 머슴도 두 사람쯤 써야지. 50제샤치나 정도만 밭을 만들고 나머지는 목장을 만들자.'

빠홈은 뜬눈으로 밤을 새웠다. 그러다가 새벽녘에야 겨우 잠이 들었다.

그는 잠이 들자마자 꿈을 꾸었다. 꿈결에 천막 밖에서 누군가가 큰 소리로 웃고 있었다. 도대체 누가 웃고 있는지 천막 밖으로 나갔다.

나가 보니 바시키르 이장이 천막 앞에 앉아서 무엇이 우스운지 두 손으로 배를 움켜잡고 뒹굴었다.

빠홈은 곁으로 가서 물었다.

"어째서 그렇게 웃는 겁니까?"

그런데 가까이 다가가 살펴보니 그는 이장이 아니라 자신에게 이곳을 소개해 준 떠돌이 상인처럼 보였다.

그래서 '언제 이곳까지 왔습니까?' 하고 물으려 하자, 그는 상인이 아니라 볼가 강 쪽에서 만난 농부가 아닌가? 잠시 후에 다시 보니 그것은 농부가 아니고 뿔과 발톱이 달린 사나운 악마였다.

악마는 크게 웃고 있었고, 그 악마 앞에는 어느 남자가 맨발로 쓰러져 있었다. 빠홈은 그가 누구인지 자세히 살펴보았다. 그런데 그 남자는 이미 죽은 바로 자기 자신이었다.

빠홈은 깜짝 놀라 잠이 깼다.

'휴, 꿈이었군. 왠지 불길한데……'

빠홈은 열린 문 쪽으로 날이 밝아 오는 것을 보았다.

'어서 사람들을 깨워야지. 이제 출발할 시간이야.'

이렇게 생각한 빠홈은 일어나자마자 머슴을 깨워 마차에 말을 매게 한 다음 바시키르 사람들을 깨우러 갔다.

"모두 일어나세요! 초원으로 가서 땅을 정할 시간입니다."

잠에서 깨어난 바시키르 사람들이 모두 모였다. 잠시 후에 이장도 왔다.

그들은 우유와 꾸미스를 마셨다. 그리고 빠홈에게 차를 대접하려고 했으나 그는 서둘러 이렇게 말했다.

"시간이 없습니다. 자, 빨리 갑시다."

❀❀❀

8

준비를 끝낸 바시키르 사람들은 말을 타거나 마차를 타고 떠났다. 빠홈도 마차에 삽을 싣고 머슴과 함께 떠났다. 초원에 이르자 날이 밝아 왔다.

'쉬한(바시키르 말로 언덕)'으로 올라갔다. 그런 다음 말과 마차에서 내려 한곳에 모였다.

이장이 손으로 들판을 가리키며 빠홈에게 말했다.

"여기 보이는 땅이 다 우리 땅입니다. 그러니 마음대로 골라잡으세요."

빠홈의 눈동자는 이글이글 타올랐다. 눈앞으로 펼쳐진 땅은 온통 갈대로 뒤덮여 있는 데다가 손바닥처럼 평평했다. 그리고 양귀비 씨앗처럼 까맣게 기름졌다. 아래쪽으로 움푹한 곳에는 잡초들이 가슴팍까지 우거져 있었다.

이장은 여우 털로 만든 모자를 벗어 땅 위에 내려놓으며 말했다.

"자, 이것이 출발점입니다. 이곳을 출발하여 이곳으로 돌아오십시오. 당신이 돌고 온 그 안의 땅은 모두 당신 것이 되는 것입니다."

빠홈은 돈을 꺼내 모자 위에 올려놓은 뒤, 까푸탄을 벗고 조끼 위에 허리띠를 단단히 졸라매었다. 그리고 목에다 빵 주머니를 걸고 허리에는 물통을 찼다. 그런 다음 장화를 단단히 신고, 머슴으로부터 삽을 받아 들었다.

준비를 끝낸 빠홈은 어느 쪽으로 가면 좋을까 곰곰이 생각해 보았다. 결국 어느 쪽으로 가든 다 좋을 것 같았다.

'어느 쪽이라도 좋다면 해 뜨는 쪽으로 가자.'

빠홈은 해가 뜨기를 조급하게 기다리며 저쪽 땅 끝에서 해가 떠오르기만을 기다렸다.

'절대로 시간을 헛되이 보내서는 안 되지. 조금이라도 선선할 때 많이 걷는 것이 좋을 거야.'

마침내 저쪽 땅 끝에서 해가 떠오르기가 무섭게 빠홈은 삽을 어깨에 메고 언덕을 내려가기 시작했다.

빠홈은 보통 걸음으로 걸었다. 1베르스따(약 1,067m)쯤 가다가 가던 길을 멈추고 작은 구덩이를 팠다. 그리고 눈에 잘 띄도록 잔디를 심었다. 그러고는 또 걸어갔다. 그는 발걸음이 점점 빨라졌다. 얼마쯤 가서 또 구덩이를 팠다.

한참을 걷다가 빠홈은 뒤돌아보았다. 빠홈이 출발한 '쉬한(언덕)'은 햇볕을 받아 잘 보였으며 그 위에 서 있는 사람들도 잘 보였다. 마차의 쇠바퀴도 눈부시게 빛나고 있었다.

빠홈은 다시 5베르스따쯤 걸었을 것이라고 생각했다. 날이 점점 더워지자 조끼를 벗어 어깨에 걸치고 앞으로 걸어갔다.

태양은 점점 뜨겁게 내리쬐었다. 해를 쳐다보니 벌써 아침 먹을 시간이었다.

'네 구덩이를 팠더니 한 구역이 끝났구나. 여기서 방향을 바꾸기에는 아직 이르지! 장화나 벗고 보자.'

이렇게 생각한 빠홈은 장화를 벗어 허리에 차고 또 걷기 시작했다.

'훨씬 편하네. 5베르스따만 더 걷자. 그리고 방향을 바꾸어 왼쪽으로 돌아야지. 땅이 너무 좋아 그냥 버리고 가기는 아쉽단 말이야. 앞으로 가면 갈수록 좋은 땅이 더 많아 지겠지.'

빠홈은 계속해서 앞으로 더 걸어갔다. 뒤돌아보니 출발했던 언덕은 희미하게 보였고 사람들은 개미처럼 까만 점으로 보이거나 희미한 점으로 반짝이는 것 같았다.

'좋아, 이쪽은 이만하면 충분해. 이쯤에서 방향을 바꾸자. 휴, 땀을 흘렸더니 목이 마르는구나.'

빠홈은 걸음을 멈추고 전보다 구덩이를 좀 더 크게 파고 잔디를 심었다. 그러고는 허리에서 물통을 꺼내어 물을 잔뜩 마신 다음 왼쪽으로 방향을 틀었다.

걸을수록 풀은 점점 무성해지고, 날씨도 무더워졌다. 빠홈은 몹시 지쳤다. 해는 이미 머리 위에 떠 있는 것으로 보아 점심때였다.

'잠깐, 쉬어 가자.'

이렇게 생각한 빠홈은 풀밭에 주저앉아 빵과 물을 마셨을 뿐 눕지는 않았다. 누우면 잠이 들 것만 같아 잠깐 앉았다가 다시 걷기 시작했다.

처음에는 빵과 물을 마셔서 그런지 힘을 내어 걸을 수 있었다. 그러나 따가운 햇볕을 받자 자꾸 졸음이 쏟아졌다. 그래도 걸음을 멈출 수 없었다.

몇 시간만 참으면 일생을 편히 살 수 있다는 생각으로 걷고 또 걸었다.

계속 걷던 빠홈은 다시 구덩이 하나를 파고 잔디를 심었다. 이제 됐다 싶어 방향을 바꾸어 왼쪽으로 가려 했으나 근처에 물기를 머금은 촉촉한 분지가 있었다.

그냥 버리고 가기는 아까워 빠홈은 그곳까지 가서 구덩이를 판 뒤 잔디를 심고 방향을 틀었다.

　빠홈은 고개를 들어 언덕 위를 돌아보았다. 언덕 위의 사람들이 아지랑이 사이로 희미하게 보였다.

　'너무 멀리 왔으니 이번에는 가까운 쪽으로 구덩이를 파야겠어.'

　이렇게 생각하고 빠홈은 걸음을 재촉했다. 해를 보니 어느덧 한나절을 훨씬 넘겨 서쪽으로 뉘엿뉘엿 넘어가고 있었다.

　빠홈은 2베르스따 정도밖에 걷지 못했다. 출발 지점까지는 15베르스따가 남아 있었다.

　빠홈은 그제야 마음이 조급해졌다.

　'내 욕심이 지나쳤나. 반듯하게 잡힌 모양은 아니지만 이젠 서둘러 가야겠다. 이만하면 땅은 충분해!'

　빠홈은 허겁지겁 구덩이를 판 뒤 마지막 잔디를 심고는 곧바로 언덕으로 향했다.

❀ ❀ ❀

9

빠홈은 언덕을 향해 곧바로 걸었다. 그는 지칠 대로 지쳐 있었다. 온몸은 땀에 절었고 맨발은 부르터 더 이상 걷기가 힘들었다. 당장이라도 쉬고 싶었으나 그럴 수가 없었다.

그것은 해가 지기 전까지 출발한 곳으로 돌아가야 했기 때문이다. 해는 기다리지 않고 자꾸만 서쪽으로 기울었다.

'이거 야단났네! 만약 제시간에 가지 못하면 어떡하지?'

초조한 생각에 빠홈은 저쪽 언덕과 해를 번갈아 쳐다보았다. 언덕까지는 아직 멀었는데 해는 벌써 지평선 가까이에 있었다.

빠홈은 쉬지 않고 걸었다. 힘이 들었지만 계속 걸음을 재촉했다. 헐레벌떡 달리기 시작했다. 조끼도 장화도 물통도 모자도 다 버리고 오직 삽으로 지팡이 삼아 뛰었다.

'아! 너무 욕심을 부렸어. 이젠 다 틀렸어. 아무리 뛰어도 해가 지기 전에 도착하긴 힘들 거야.'

그런 생각이 들자 숨까지 막혀 왔다. 그래도 빠홈은 정신 없이 달렸다.

셔츠와 바지는 땀에 흠뻑 젖었고, 가쁜 숨을 몰아쉬느라 입 안은 바짝 말랐다. 심장은 터질 듯이 뛰고, 다리는 휘청거렸다. 빠홈은 예감이 좋지 않았다.

'이러다가 죽는 건 아닐까?' 하는 생각마저 들었다. 그래도 멈출 수는 없었다.

'죽을 고생을 하며 여기까지 달려왔는데, 이제 와서 포기한다면 사람들이 손가락질할지도 몰라.'

이런 생각에 빠홈은 달리고 또 달렸다. 출발점에 가까이 왔을 때 함성이 들렸다. 바시키르 사람들이 그를 향해 응원을 했다.

그 소리에 그의 가슴은 더욱 뜨거워졌다. 빠홈은 마지막 힘을 다하여 달렸다.

해는 이미 지평선에 닿아 핏빛처럼 시뻘건 둥근 원만 남게 되었다. 이제 곧 지고 말 것이었다

출발점까지도 이제 얼마 남지 않았다. 빠홈은 언덕 위에 있는 사람들이 자기에게 손을 흔들며 빨리 오라고 손짓하는 것을 보았다.

땅 위에 있는 이장의 모자와 그 위에 있는 돈도 보였다. 그리고 땅 위에 앉아 두 손으로 배를 움켜잡고 웃는 이장의 모습도 보였다.

빠홈은 어젯밤의 꿈을 떠올렸다.

'땅은 내가 원하는 만큼 가질 수 있었지만 하느님이 나를

그 땅에 살게 해주실까? 아, 나는 욕심 때문에 망했구나! 모든 게 끝난 거야.'

빠홈은 해를 바라보았다. 해는 이미 지평선에서 자취를 감추고 있었다.

빠홈은 마지막 힘을 다하여 넘어질 듯 발을 내밀며 겨우 몸을 지탱하고 있었다. 돌아보니 해는 이미 지고 말았다.

빠홈은 탄식했다.

"아, 죽을 고생을 했지만 모든 것이 허사로다!"

그가 걸음을 멈추고 단념하려는 순간, 언덕에서 바시키르 사람들의 함성이 들려왔다.

불현듯 빠홈은 이런 생각이 들었다.

'맞아, 나는 언덕 밑에 있기 때문에 해가 진 것으로 보이지만, 언덕 위에서 보면 해가 아직도 지평선 위에 떠 있을지도 몰라.'

빠홈은 기운을 내어 언덕 위로 달려 올라갔다. 생각했던 대로 언덕 위는 아직도 밝았다. 빠홈은 올라가기가 무섭게 모자를 보았다. 모자 앞에 앉아 있는 이장은 두 손으로 배를 움켜진 채 큰 소리로 웃고 있었다.

빠홈은 꿈을 떠올렸다. 순간 외마디 비명과 함께 앞으로 쓰러지더니 두 손으로 모자를 움켜잡았다.

순간 이장이 소리쳤다.

"정말 훌륭합니다! 이제 많은 땅을 차지하게 되었습니다."

머슴이 달려가서 빠홈을 일으켜 세우려고 했다. 이때 그의 입에서는 피가 흐르고 있었다. 그는 이미 죽어 있는 것이다.

바시키르 사람들은 혀를 차며 빠홈의 죽음을 몹시 안타까워했다.

머슴은 삽을 들고 빠홈의 무덤을 판 뒤 그를 묻었다. 끝내 그가 차지한 땅은 머리에서 발끝까지 3아르쉰(1아르쉰은 약 71cm)밖에 되지 않았다.

달�걀만한 씨앗

달걀만한 씨앗

어느 날 시골 아이들이 골짜기에서 놀다가 달걀만한 물건을 주웠다. 그것은 가운데에 줄이 그어진 씨앗처럼 보였다. 마침 지나가던 사람이 그것을 보고 5까뻬이까에 샀다. 그리고 시내로 가지고 와 귀한 물건이라며 황제에게 바쳤다.

황제는 현인들을 불러 대체 이것이 어떤 물건인지, 즉 달걀인지 씨앗인지를 알아보라고 명령했다. 현인들은 그것이 무엇인지 거듭 생각을 했지만 도대체 그것에 대한 정체를 알아낼 수 없었다.

그러던 중 창문 위에 놓아두었던 그것을 느닷없이 암탉 한 마리가 날아와 쪼더니 구멍을 내 버렸다. 그 바람에 그것이 씨앗이라는 것을 알았다.

현인들은 당장 황제에게 아뢰었다.

"이것은 호밀 씨앗이옵니다."

달걀만한 것이 씨앗이라는 말에 황제는 깜짝 놀랐다. 황제는 다시 현인들에게 이 씨앗이 언제 어디서 어떻게 생겨 났는지를 알아보라고 명령했다. 현인들은 또다시 거듭 생각을 하며 온갖 책을 다 뒤져 보았으나 아무것도 알아내지 못했다.

그들은 다시 황제 앞에 가서 이렇게 말했다.

"알 수 없습니다. 소인 책에는 이것과 관련된 내용이 전혀 없어서 답을 들릴 수 없습니다. 그러니 농부들에게 한번 물어봐야 할 것 같습니다. 늙은 농부들 중에는 누가 언제 어디서 이런 씨앗을 뿌렸는지 알거나 혹시 들어 본 적이 있을 수도 있으니까요."

그 말을 들은 황제는 신하를 보내 늙은 농부 한 사람을 데려오라고 명령했다. 신하들은 나이 많은 농부 한 사람을 찾아내어 황제 앞으로 데리고 갔다. 그 농부는 벌써 이도 다 빠지고 얼굴도 다 쪼그라든 늙은이였다. 그는 두 개의 지팡이를 짚고 간신히 궁으로 들어섰다.

황제는 그에게 씨앗을 보였다. 그러나 늙은 농부는 이미 눈이 잘 안 보였다. 그래서 눈으로도 살피고 손으로도 너듬는 것이었다.

황제는 그에게 물었다.

"영감, 이 씨앗이 무슨 씨앗인지 아는가? 혹시 밭에 이런

씨앗을 뿌린 적이 있거나, 농사를 지을 때 이런 곡식을 사
본 적이 있는가?"

귀까지 어두운 농부는 겨우 알아듣고 겨우 대답했다.

"소인은 밭에다 이런 곡식을 심은 적이 없습니다. 그리고
거두어들이거나 사들인 적도 없습니다.

소인들이 곡식을 살 시절에는 이것보다 작았습니다. 물론
지금도 그렇지요. 하오니 소인의 아버지에게 한번 물어보
는 게 좋을 듯합니다. 어쩌면 그 어른은 어디서 이런 씨앗
을 보았는지 혹시 이런 씨앗에 대한 이야기를 들었는지 알
수도 있습니다."

황제는 이 늙은 농부의 아버지를 데려오라고 명령했다.
신하들이 그의 아버지를 황제 앞으로 데려왔다. 이 쪼글쪼
글하게 늙은 할아버지는 아들과 다르게 지팡이 하나만 짚
고 들어왔다. 황제는 그에게 씨앗을 보여 주었다. 그 늙은
이는 아직도 눈이 잘 보여 어떤 물건인지 금방 알아보았다.

황제는 그에게도 물었다.

"영감, 이 씨앗이 무슨 씨앗인지 아는가? 혹시 밭에 이런
씨앗을 뿌린 적이 있거나, 농사를 지을 때 이런 곡식을 사
본 적이 있는가?"

할아버지는 귀가 다소 어둡기는 했지만 그래도 아들보다

는 잘 알아들었다.

"없습니다. 소인은 밭에다 이런 씨앗을 뿌린 적도 거두어들인 적도 산 적도 없습니다. 소인이 젊었을 때는 돈이라는 것이 없었습니다. 사람들은 자기가 농사지어서 먹고 모자랄 때에는 서로 나누어 먹었습니다. 그래서 소인은 이런 씨앗이 있는지도 모릅니다.

소인이 농사를 지을 때는 요즘 씨앗보다 더 굵고 더 많은 열매를 맺게 했지만 그래도 이렇게 큰 씨앗은 보지 못했습니다.

이건 저의 아버지에게 들은 이야기지만 아버지가 농사짓던 시절에는 소인이 농사지을 때보다 곡식도 더 많이 거두어들였고 그 씨앗도 한결 굵었다고 합니다. 그러니 저의 아버지에게 물어보시면 잘 알 수 있을 듯합니다."

이 노인의 말을 들은 황제는 다시 신하를 시켜 그의 아버지를 데려오라고 명령했다. 얼마 후 늙은이의 아버지인 노인도 찾아서 데려왔다.

그 노인은 지팡이도 짚지 않고 가벼운 걸음으로 황제 앞에 나섰다. 눈도 밝고 귀도 잘 들리며 목소리도 또렷했다.

황제는 이 노인에게 다시 그 씨앗을 보여 주었다. 노인은 그것을 이리저리 뒤집어 보더니 말했다.

"이런 곡식은 한동안 보지 못했습니다."

노인은 씨앗을 물어뜯어 잘근잘근 씹어 맛보았다.

그리고 말했다.

"이 곡식은 호밀 씨앗입니다. 그때와 똑같습니다."

"그때라니? 어서 말해 보게, 어디에 이런 씨앗이 있었는지? 혹시 이런 씨앗을 뿌린 적이 있거나 이런 곡식을 산 적은 없었소?"

그러자 노인이 대답했다.

"예, 소인이 젊었을 때는 이런 곡식이 어디에서나 자라고 있었습니다. 소인은 이것을 평생 먹고 살았고 다른 사람들도 먹고 살았습니다. 물론 이런 곡식을 직접 심고 거두고 타작도 했습니다."

그러자 황제가 다시 물었다.

"그렇다면 영감, 그런 씨앗을 어디서 구한 일이 있었소? 혹은 영감이 직접 뿌린 일은 없었소?"

노인은 미소를 지으며 대답했다.

"소인이 농사를 짓던 시절에는 곡식을 팔거나 살 생각을 하는 사람은 아무도 없었습니다. 그건 죄악입니다. 또 돈이란 걸 알지도 못했습니다. 곡식은 누구에게나 먹고 남을 정도로 있었으니까요."

황제는 거듭 물었다.

"그렇다면 영감. 그대는 어디에 이런 씨앗을 뿌렸고 또 그대의 땅은 어디에 있었소?"

노인이 대답했다.

"소인의 밭은 하느님의 땅이었지요. 어디든 쟁기질을 하면 거기가 소인의 밭이 되는 것입니다. 땅은 마음대로 사용할 수 있어서 누구의 땅인지도 몰랐습니다. 제 것은 오직 소인에게 일할 수 있는 그 힘뿐입니다."

"그럼 두 가지만 더 말해 주게. 어째서 옛날에는 이런 씨앗이 있었는데 지금은 없는 것이냐? 그리고 그대의 손자는 지팡이 두 개를 짚고 또 그대의 아들은 지팡이 하나를 짚고 왔는데, 어째서 나이가 더 많은 그대는 그리도 가뿐하게 걸을 수 있는가? 눈도 밝고 이도 튼튼하고 말도 또렷하고 상냥하니 도대체 어찌 된 영문인가?"

그러자 노인이 이렇게 대답했다.

"그것은 다름이 아니라 세상 사람들이 제 힘으로 살아가지 않고 남의 것에 욕심을 내며 살기 때문입니다. 옛날 사람들은 그렇게 살지 않았습니다. 하느님의 뜻에 따라 오직 제 것만 가졌을 뿐 남의 것에 욕심을 내지 않았습니다."

대자(代子)

대자(代子)

📖 " '눈은 눈으로, 이는 이로' 갚으라는 말을 너희는 들었다. 그러나 나는 너희에게 이렇게 말한다. 보복하지 말아라."

(마태복음 5:38~39)

❀❀❀

1

어느 가난한 농부의 집에서 아들이 태어났다. 농부는 기뻐서 어쩔 줄 몰랐다.

곧장 이웃집으로 가서 아들의 대부(代父: 카톨릭에서, 신앙 생활을 돕는 남자 후견인을 이르는 말)가 되어 주길 부탁했다. 그러나 이웃집도 가난한 농부의 자식이라 꺼렸다. 그는 다른 집으로 가 보았다. 그러나 그들 역시도 거절했다.

온 마을을 다 돌아다녀 보았지만 헛수고였다. 농부는 어쩔 도리가 없어서 다른 마을로 발길을 옮겼다.

한참을 걷고 있을 때 맞은편에서 걸어오는 한 나그네를 만났다. 그 나그네는 걸음을 멈추고 농부에게 인사를 건넸다.

"안녕하시오. 그래 어딜 그토록 바쁘게 가는 것이오?"

"아, 하느님께서 아이를 주셨답니다. 아이란 젊어서는 즐거움을 주고, 늙어서는 의지가 되고, 죽고 나면 영혼을 위해 연미사(죽은 사람을 위한 미사)를 올려 주지요.

하지만 가난한 마을이다 보니 대부가 되어 주길 꺼리지요. 그래서 대부가 되어 줄 사람을 찾아 나서는 길입니다."

나그네가 말했다.

"그렇다면 나를 대부로 삼으면 어떻겠소?"

농부는 몹시 기뻐하며 나그네에게 고맙다는 인사를 했다. 그러고 나서 물었다.

"그런데 대모는 누구로 하면 좋을까요?"

"대모는 상인의 딸에게 부탁해 보시오. 시내에 있는 광장으로 가면 가게가 딸린 돌집이 있을 것입니다. 그 집주인에게 당신의 딸을 대모로 삼고 싶다고 부탁해 보시오."

농부는 머뭇거렸다.

276

"대부님, 나 같은 농사꾼이 어떻게 부자 상인을 찾아갈 수 있겠습니까?

우리 같이 하찮은 사람에게 자기의 딸을 대모로 허락하지 않을 것입니다."

"그런 걱정은 하지 마시고 우선 부탁이나 해보시오. 그리고 내일 아침에 영세(세례를 받는 일로써 이것을 받으면 신자가 됨) 받을 준비나 해 두세요. 그럼, 내가 가서 대부를 허락할 것입니다."

가난한 농부는 집에 돌아갔다가 다시 나그네가 일러준 대로 시내에 있는 상인을 찾아갔다. 그런 그가 마당으로 들어서더니 말고삐를 기둥에 매고 있었다.

때마침 상인이 나와서 물었다.

"무슨 일로 왔습니까?"

"아, 하느님께서 나에게 아이를 주셨답니다. 아이란 젊어서는 즐거움을 주고, 늙어서는 의지가 되고, 죽고 나면 영혼을 위해 연미사(죽은 사람을 위한 미사)를 올려 주지요.

제발 댁의 따님을 우리 아들의 대모가 되게 해주십시오."

"그래, 영세는 언제 받을 거요?"

"내일 아침에 받습니다."

"알았으니, 돌아가시오. 내일 아침 미사가 시작될 무렵 딸을 보내겠소."

다음날 대부가 될 사람도 대모가 될 사람도 함께 나와 아이는 영세를 받을 수 있었다.

아이의 영세가 끝나자마자 대부는 가 버렸다. 그러니 그가 누구인지 어디에 사는지도 모르거니와 그 후로 그를 본 사람은 아무도 없었다.

✿✿✿

2

아이는 자라면서 부모를 즐겁게 해주었다. 힘도 세고 부지런하고 영리했으며 성격 또한 온순했다.

소년이 열 살이 되자 부모는 아이를 학교에 보냈다. 다른 아이들 같으면 5년 걸릴 것을 소년은 1년 만에 다 깨우쳐 더 이상 배울 것이 없었다.

부활절이 되었다. 소년은 대모를 찾아가 부활절 인사를 했다. 그리고 집으로 돌아와 대부가 누군지 물었다.

"아버지, 어머니, 제 대부님은 어디에 사시는 거죠? 부활절 인사를 드려야 할 텐데."

그러자 아버지가 대답했다.

"어, 그렇지! 아들아, 우리도 네 대부님이 어디 사시는지 모른단다. 그래서 우리도 늘 그 일이 마음에 걸린다. 그분은 대부가 되어 주신 뒤 어디론가 가버렸다. 그래서 살아 계신지 돌아가셨는지 모른단다."

아들은 아버지, 어머니에게 절하며 말했다.

"아버지, 어머니, 어디에 계신지는 모르지만 저는 대부님을 찾아 부활절 인사를 드리고 싶어요."

부모는 아들에게 그렇게 하라고 했다. 소년은 곧 떠날 준비를 하였다.

❀❀❀

3

소년은 집에서 나와 무작정 길을 걸었다. 그렇게 반나절쯤 가다가 어떤 나그네를 만났다.

나그네는 걸음을 잠시 멈춘 뒤 소년에게 물었다.

"애야, 어딜 그렇게 가느냐?"

소년은 대답했다.

"저는 대모님을 찾아가 부활절 인사를 드리고 왔어요. 또한 대부님께도 인사를 드리려 합니다.

그런데 우리 부모님은 대부님이 어디에 사시는지 모른다고 말씀하셨습니다.

그분은 저의 대부가 되어 주신 뒤 어디론가 가버렸다고합니다. 그래서 그분이 어떤 분이며 또 어디 사시는 분인지모른다는 것입니다.

저는 대부님을 뵙고 싶어 이렇게 길을 나섰습니다."

그러자 나그네가 말했다.

"그럼, 다행이로구나. 내가 너의 대부란다."

소년은 몹시 기뻐하며 대부에게 부활절 인사를 드렸다.

"대부님, 대부님은 지금 어디로 가시는 길이죠? 행여 우리 마을 쪽으로 가시는 길이면 우리 집에 들러 주세요. 그

렇지 않고 댁으로 가시는 길이면 저도 함께 가게 해주세
요."

그러자 대부가 대답했다.

"미안하지만, 지금 너희 집에 들를 시간이 없단다. 나는
여러 마을에 볼일이 있어서 내일쯤 집에 돌아갈 예정이다.
그때 오도록 해라."

"대부님, 어떻게 찾아가면 되나요?"

"해가 떠오르는 쪽으로 곧장 걸어라. 그러면 숲이 나올 것
이다.

그 가운데 풀밭이 있는데 거기서 좀 쉬면서 무엇이 있나
둘러보아라. 그러고 나서 숲을 벗어나면 정원이 있고, 그
정원 안에 금빛 지붕이 보일 것이다. 그곳이 내 집이다. 대
문 가까이 오면 내가 마중 나가마."

이렇게 말하고 대부는 소년의 눈앞에서 멀리 사라져 버렸
다.

4

다음날 소년은 대부가 가르쳐 준 대로 길을 나섰다. 한참 걸어가니 과연 숲이 나왔다.

숲 속으로 들어서면서 풀밭이 나오자 소년은 그 풀밭에 앉아 잠시 쉬면서 주위를 둘러보았다.

풀밭 한가운데에는 소나무 한 그루가 서 있었다. 그 소나무 가지에는 줄이 매어져 있었는데, 그 줄에는 3뿌드(1뿌드는 16.38kg)쯤 되는 참나무 등걸이 매달려 있었다. 그리고 그 밑에는 벌통이 놓여 있었다.

소년이, 왜 이런 곳에 벌통을 놓아두고 통나무를 매달아 두었을까? 생각을 하는 순간 갑자기 숲 속에서 부스럭거리는 소리가 났다.

소년이 깜짝 놀라 그 쪽을 바라보니 무섭게도 곰 몇 마리가 이쪽으로 오고 있었다.

어미 곰 뒤로 한 살짜리 곰이, 또 그 뒤에 새끼 곰 세 마리가 따라왔다. 어미 곰은 코를 벌름거리며 벌통 쪽으로 갔다.

그런 다음 벌통에 코를 디밀고 새끼 곰을 불렀다. 새끼 곰들은 쫓아가서 벌통에 매달렸다.

그때 통나무가 조금 뒤로 밀리는가 싶더니 제자리로 돌아오면서 새끼 곰을 툭 쳤다.

그것을 본 어미 곰은 앞발로 통나무를 밀쳤다. 통나무는 전보다 더 멀리 밀려나더니 제자리로 돌아오면서 새끼 곰들을 후려쳤다.

그 바람에 등을 얻어맞은 놈도, 머리를 얻어맞은 놈도 있었다. 새끼 곰들은 죽는 소리를 내며 도망쳤다.

어미 곰은 으르렁거리며 두 발로 통나무를 잡고 머리 위로 올리더니 내동댕이쳤다.

줄에 매달렸던 통나무가 공중으로 높이 날아오르자 한 살짜리 곰이 재빨리 벌통 곁으로 달려들어 코를 처박고 쩝쩝 핥아먹기 시작했다. 다른 새끼 곰들도 달려들었다.

이때 공중으로 높이 날아올랐던 통나무가 제자리로 돌아오면서 한 살짜리 곰의 머리를 후려쳤다. 그러자 그 곰은 머리를 얻어맞고 그 자리에서 죽어 버렸다.

이것을 본 어미 곰은 전보다 더 큰 소리로 으르렁거리며 통나무를 잡고 힘껏 하늘로 던져 버렸다.

통나무는 소나무 가지보다 높이 올라가 줄이 느슨해질 정도였다.

어미 곰이 잽싸게 벌통 곁으로 다가갔다. 새끼 곰들도 모두 뒤따랐다. 그때 하늘로 높이 치솟았던 통나무가 떨어지기 시작했다. 그 통나무는 밑으로 떨어질수록 더 빨라졌다. 이렇게 빠른 속도로 빠르게 어미 곰의 머리를 때렸다.

어미 곰은 벌렁 나자빠진 상태에서 네 발을 부르르 떨다 이내 죽어 버렸다. 놀란 새끼 곰들은 달아나 버렸다.

☙☙☙

5

소년은 그것을 보고 몹시 놀라 앞으로 빠르게 걸었다. 그러자 얼마 안 가 큰 정원에 이르렀다.

정원에는 금빛 지붕이 보이는 커다란 궁전이 있었다. 그 대문 앞에서 대부가 웃고 있었다. 대부는 소년을 반긴 뒤 정원을 구경 시켜 주었다.

그 아름다움과 정원에 깃들여 있는 평화는 꿈속에서도 느껴 보지 못한 훌륭한 것이었다.

대부는 소년을 궁전 안으로 데리고 들어갔다. 궁전은 정원보다 더 훌륭했다.

대부는 방이란 방은 다 구경 시켜 주었다. 보면 볼수록 훌륭하고 기쁨마저 주는 방들이었다. 방 중에는 굳게 닫친 문이 있었다.

"이 문이 보이지?" 하고 대부가 말했다.

"여긴 자물쇠가 없다. 그냥 닫아만 놓았다. 이 문을 열 수는 있지만 열어서는 안 된다.

그 방을 제외한 다른 곳은 어디든 네 마음대로 들어가도 좋다. 그러나 이 방만은 절대로 들어가서는 안 된다.

만약 이 방에 들어가게 되면 네가 숲에서 본 일을 생각하게 될 것이다."

이렇게 말하고 대부는 집을 나갔다. 대자는 혼자 그 집에 살게 되었다.

그곳에서의 생활은 너무나 즐거워 여기에 온 지 세 시간밖에 되지 않은 것 같았다. 그런데 30년이 흘렀다. 30년이 흘렀을 쯤 대자는 닫친 방문이 궁금했다.

'대부님은 왜 이 방에 들어가면 안 된다고 했을까? 이 안에 무엇이 있는지 어디 한번 들어가 보자.'

문고리를 잡아당기자 문이 열렸다. 대자는 방안으로 들어가 보았다.

그 방은 궁전 안에 있는 어떤 방보다도 크고 훌륭했다. 그방 한가운데에는 금으로 된 옥좌가 놓여 있었다.

대자는 방안을 이리저리 마음껏 돌아다녔다. 그리고 옥좌

쪽으로 다가가 옥좌에 앉았다. 옥좌 옆에는 폴이 있었다.

대자가 그것을 들자마자 사방의 벽이 열렸다.

사방을 둘러보니 온 세상 사람들이 하는 일을 한눈에 다 볼 수 있었다.

앞을 바라보았다.

바다 위로 배들이 떠다니고 있었다.

오른쪽을 보았다.

그리스도교인이 아닌 다른 나라 사람들이 살고 있었다.

왼쪽을 보았다.

그리스도교인이 맞기는 하지만 러시아인이 아닌 사람들이 살고 있었다.

마지막으로 뒤쪽을 바라보았다.

그곳은 우리 러시아인이 살고 있었다.

'어디 우리 집이나 한번 볼까. 밭농사는 잘되었는지 모르겠다.'

그리고 자기 집에 있는 밭을 보니 노적가리(한데에 쌓아 둔 곡식의 더미. 노적)가 잔뜩 쌓여 있었다.

그는 곡식이 얼마나 되나 하고 더미를 세기 시작했다. 그때 짐수레가 밭쪽으로 가고 있었다.

그 짐수레에는 농부 한 사람이 타고 있었다. 대자는 아버지가 밤중에 호밀단을 실으러 온다고 생각했다.

그러나 가만히 살펴보니 그것은 바실리 꾸드라쇼프라는 도둑이었다. 그 도둑은 노적가리 곁으로 가서 호밀단을 싣기 시작했다. 이것을 본 대자는 몹시 속이 상했다. 그래서 그는 소리쳤다.

"아버지, 밭에서 곡식을 훔쳐 가요!"

아버지는 잠결에 꿈을 꾸었는지 벌떡 일어났다.

"참, 이상한 일도 다 있네. 호밀단을 누가 훔쳐 가다니, 어디 한번 밭으로 가 봐야지."

그는 말을 타고 밭으로 나갔다.

밭에 가 보니 바실리가 있었다. 그는 큰소리로 마을 사람들을 불렀다. 바실리는 흠씬 두들겨 맞고 손이 묶인 채 감옥으로 끌려갔다.

대자는 또 대모가 사는 시내를 살펴보았다. 대모는 어느 장사꾼의 아내가 되어 있었다.

대모가 잠들자 남편이 살그머니 일어나 바람을 피우러 가는 것이었다.

대자는 대모에게 소리쳤다.

"대모님, 일어나세요. 아저씨가 나쁜 짓을 하러 갔어요!"

대모는 꿈이 너무나 생생해 잠을 자다 벌떡 일어났다. 그리고 옷을 챙겨 입은 뒤 남편이 간 곳을 뒤따라갔다. 그 자리에는 낯선 여자가 있었다.

대모는 그 여자에게 망신을 준 다음 흠씬 두들겨 패고 남편도 내쫓아 버렸다.

대자는 다시 자기 어머니를 보았다. 어머니는 집에서 자고 있었다. 마침 도둑이 들어와 옷장의 자물쇠를 부수고 돈을 훔치려 했다.

어머니는 잠에서 깨어나 소리쳤다. 그것을 본 도둑이 도끼를 들고 어머니를 죽이려 했다.

대자는 참다못해 폴을 도둑에게 던졌다. 관자놀이에 폴을 맞은 도둑은 그 자리에서 곧 죽고 말았다.

6

대자가 도둑을 죽이자마자 사방의 벽이 닫히고 방이 전처럼 되었다. 그때 방문이 열리며 대부가 들어왔다. 대부는 대자의 곁으로 다가서더니 그의 손을 잡아 옥좌에서 끌어내렸다. 그리고 이렇게 말했다.

"너는 내 말을 헛들었구나.

첫 번째 잘못은 열지 말라는 문을 연 것이고,

두 번째 잘못은 옥좌에 앉아 내 폴에 손을 댄 것이다.

세 번째 잘못은 세상에 악을 더 보탠 것이다.

만약 네가 한 시간만 더 앉아 있었다면 세상 사람들의 절반을 망쳐 놓았을 것이다."

이렇게 말하고 대부는 옥좌에 앉아 폴을 들었다. 그러자 다시 사방의 벽이 열리면서 모든 것이 다 보였다.

대부가 대자에게 말했다.

"자, 이제 네가 너의 아버지에게 어떤 잘못을 저지르게 되었는지 잘 보아라.

바실리는 1년 동안 옥살이를 했는데 그 안에서 나쁜 짓을 더 배워 아주 몹쓸 악당이 되었다.

저기를 봐라, 방금 네 아버지가 기르는 말 두 마리를 훔쳤

다. 그것으로 끝나는 것이 아니라 이번에는 집까지 불태워
버릴 것이다. 네가 너의 아버지에게 저지른 잘못은 바로 이
런 것이다."

대자가 자기 집이 타는 것을 물끄러미 보고 있자 곧 그것
을 닫고 다른 쪽을 보라고 했다.

"자, 봐라. 네 대모는 1년 전부터 남편이 다른 여자와 바
람을 피우는 바람에 그 괴로움을 이기지 못하고 술을 입에
대기 시작했다.

결국 이번에는 남편도 사귀던 여자도 모두 끝장이 났다.
네가 대모에게 저지른 잘못은 이런 것이다."

대부는 이것도 닫아 버리고 대자의 집을 가리켰다. 어머
니의 모습이 보였다. 어머니가 울고 있었다.

"차라리 그때 도둑에게 맞아 죽었더라면 이처럼 사람을
죽이는 큰 죄는 없었을 텐데."

"네가 어머니에게 저지른 잘못은 바로 이것이다."

대부는 이것도 닫고 아래쪽을 가리켰다. 도둑이 보였다.
두 사람의 간수가 감옥 앞에서 도둑의 시체를 지키고 있었
다.

대부는 대자에게 말했다.

"이 도둑은 사람을 아홉 명이나 죽였다. 자기가 지은 죄

를 자기가 갚지 않으면 안 된다.

그런데 그런 도둑을 네가 죽였으니 그 도둑의 죄를 대신 떠맡아야 한다.

지금부터 너는 저 사람이 지은 죄를 모두 책임져야 한다. 이건 네 스스로 지은 죄이다.

어미 곰이 처음에 통나무를 조금 밀쳤을 때 새끼 곰들은 놀랐을 뿐이다.

그런데 두 번째 내동댕이쳤을 때 한 살짜리 곰이 죽고, 세 번째 하늘로 던졌을 때 저 자신이 죽고 말았다. 네가 한 짓도 그와 똑같은 것이다.

이제 30년이라는 세월을 네게 주겠다. 그러니 너는 세상에 나가 그 도둑이 지은 죄를 대신 갚도록 하여라. 만약 갚지 못한다면 네가 도둑의 죄를 짊어질 것이다.”

그러자 대자가 말했다.

“도둑의 죄를 갚으려면 어떻게 해야 하나요?”

대부가 대답했다.

“네가 지은 죄만큼 세상에 나가 죗값을 치르면 비로소 도둑의 죗값을 다 갚게 될 것이다.”

대자가 다시 물었다.

“세상에 나가 죄를 없애려면 어떻게 해야 하나요?”

대부가 다시 대답했다.

"해가 떠오르는 쪽으로 곧장 걸어가거라. 그러면 밭이 나오고 그 밭에는 많은 사람들이 있을 것이다.

먼저 그 사람들이 하는 일을 보아라. 그리고 네가 알고 있는 방법을 가르쳐 주어라.

다시 앞으로 가면서 눈에 띄는 것을 기억해 두어라. 그렇게 나흘쯤 가면 숲이 나올 것이다.

숲 속에는 기도원이 있고 그 기도원에는 학식이 높은 노인이 있을 것이다.

그분에게 지금까지 있었던 일을 몽땅 이야기하여라. 그러면 그 노인이 네게 어떻게 하라고 가르쳐 줄 것이다. 그것을 다 실천하면 너와 도둑이 지은 죄를 씻게 된다."

대부는 이렇게 말하고 대자를 대문 밖으로 내보냈다.

＊＊＊

7

대자는 대부가 일러준 대로 걷기 시작했다. 그리고 생각했다.

'어떻게 이 세상의 죄를 없앨 수 있단 말인가?

세상은 죄짓는 사람에게 귀양을 보내고 감옥에 가두거나 사형에 처하고 있다. 그렇다면 남의 죄를 내가 떠맡지 않고도 해결할 방법이 없을까?'

대자는 거듭 생각을 했으나 그 방법이 떠오르지 않았다.

이렇게 걷는 동안 밭이 나왔다.

밭에는 무르익은 곡식을 거두어들이기 위해 사람들이 모여 있었다.

그때 곡식밭으로 송아지 한 마리가 뛰어들었다. 이를 본 사람들이 송아지를 쫓기 위해 곡식밭을 짓밟으며 이리저리 뛰어다녔다.

밭에서 송아지가 뛰어나오려고 하면 송아지를 둘러싼 다른 사람이 말을 타고 그 앞에 나타났다. 그 바람에 놀란 송아지는 다시 곡식밭으로 들어가 버렸다.

그러면 또 다른 사람들도 얼떨결에 그 뒤를 쫓아 밭으로 달려가는 것이었다.

밭 가장자리에서 한 여자가 울고 있었다.

"저렇게 마구 쫓다니, 우리 송아지가 죽겠어요."

그래서 대자는 농부들에게 다가가 말했다.

"왜 저런 식으로 송아지를 쫓는 거요? 어서 밭에서 나오세요. 그리고 저 아주머니에게 자기 송아지를 부르게 하세요."

그 말을 들은 농부들은 대자의 말을 따랐다. 여자는 밭두둑에 가서 소리쳤다.

"누렁아, 이리 온. 누렁아 이리 와."

송아지는 귀를 쫑긋거리더니 주인 여자 쪽으로 달려 나왔다. 그리고 곧바로 여자의 치마폭으로 뛰어들었다. 이때 자칫 주인 여자가 넘어질 뻔했다. 밭에 있는 농부들이나 주인 여자나 기뻤다. 송아지도 좋아했다.

대자는 농부들과 인사를 나누고 다시 발길을 옮기면서 생각했다. '악이 악을 낳는다는 사실을 이제야 알겠다. 악을 내쫓다 보면 내쫓으려 한 만큼 악은 점점 더 커져만 간다.

즉, 악을 악으로 없앨 수는 없다. 그렇다 해도 무엇으로 악을 없애야 할지 모르겠다. 그 송아지도 주인 여자의 말을 들었으니 다행이다. 그렇지 않았다면 어떻게 밭에서 쫓아낼 수 있었을까?'

대자는 거듭 생각을 했으나 그 방법이 떠오르지 않았다.
그는 계속 걷기만 했다.

❀❀❀

8

한참을 걷다 보니 마을이 나왔고 마을 끝에 이르자, 대자
는 끝머리 집을 찾아가서 하룻밤 잠자리를 청했다.

주인 아주머니가 들어오라고 했다. 집 안에는 아무도 없
고 아주머니 혼자서 걸레질을 하고 있었다.

대자는 벽난로 옆에 앉아서 주인 아주머니가 청소하는 모
습을 지켜보았다.

아주머니는 방안을 다 닦고 나서 이번에는 식탁을 닦기
시작했다. 식탁은 깨끗이 닦아지지 않았다. 걸레를 빨지 않
았기 때문에 식탁 위에 땟자국이 줄무늬처럼 생겨났다. 이
번에는 걸레를 뒤집어서 문질렀다.

그러자 먼저 땟자국이 없어지는 대신 새로운 땟자국이 생
겨났다. 이래 닦으나 저래 닦으나 마찬가지였다. 걸레를 빨
아서 닦지 않기 때문에 식탁은 깨끗해질 수 없었다.

대자는 한동안 그 모습을 바라보고 있다가 마침내 입을

열었다.

"아주머니, 지금 무얼 하시는 거예요?"

"당신 눈에는 내가 무얼 하는지 안 보여요? 축제일을 맞이하기 위해 청소를 하고 있잖아요. 그런데 이 식탁은 아무리 닦아도 깨끗해지질 않네요. 아휴, 이젠 지쳤어요."

"아주머니 그러지 마시고, 그 걸레를 깨끗이 빨아서 닦으면 될 텐데요."

대자가 말한 대로 걸레를 깨끗이 빨아서 닦자, 금세 식탁이 깨끗해졌다.

"고마워요, 가르쳐 줘서."

다음날 아침 날이 밝자, 대자는 주인 아주머니와 작별 인사를 나누고 다시 길을 떠났다.

한참을 걷다 보니 숲이 나왔다. 농부들이 수레바퀴를 만들기 위해 애쓰는 것이 보였다.

가까이 가 보니 둥근 바퀴를 만들기 위해 빙빙 돌고 있었다. 틀을 고정시키지 않았기 때문에 그것이 겉돌 뿐 나무는 둥글게 휘지 않았다.

이것을 지켜보던 대자가 농부들에게 말했다.

"형제들, 무얼 그렇게 열심히 하시오?"

"보면 모르시오? 수레바퀴를 만드는 중이오. 힘들여 두 번씩이나 구부려 보았지만 허사요. 이젠 우리도 지쳤다오."

"형제들, 우선 틀을 고정시키시오. 그렇지 않으면 틀과 같이 돌게 됩니다."

농부들은 대자의 말을 듣고 틀을 고정시켰다. 그러자 곧 나무가 둥글게 휘었다. 대자는 그곳에서 하룻밤을 지내고 다시 길을 떠났다.

하루 밤낮을 꼬박 걸어 새벽녘이 되었다. 그는 목동들이 모여 있는 곳을 발견하고 그들 옆으로 다가가 잠시 몸을 눕혔다.

그 사람들은 가축을 매어 놓고 모닥불을 피웠다. 마른 나뭇가지를 주워다가 불을 피우고 있었는데, 불이 타오르기 전에 젖은 나뭇가지를 올려놓자 불은 곧 꺼지고 말았다.

이렇게 목동들은 거듭 애를 쓰며 불을 피웠다. 그러나 불은 여전히 타오르지 않았다.

그것을 보고 있던 대자가 말을 했다.

"서두르지 마세요. 불이 타오르기 전에 젖은 나뭇가지를 올려놓으면 불이 꺼지지요. 그러니 불이 타오르면 그것을 얹도록 하세요."

목동들은 대자가 시키는 대로 불이 타오른 다음에 젖은

나무를 올려놓았다.

  그제야 모닥불이 꺼지지 않고 활활 타올랐다. 대자는 한
동안 그들과 함께 있다가 다시 길을 떠났다. 대자는 길을
걸으며 생각했다.

  '도대체 이 세 가지 일을 보여 준 이유가 뭘까?'

  아무리 생각해 보았지만 알 수 없었다.

✿✿✿

9

  대자는 계속 걸었다. 또 하루가 지났다. 마침내 숲이 나오
고 그 숲 속에는 기도원이 있었다.

  대자는 기도원 쪽으로 다가가 문을 두드렸다. 그러자 기
도원 안에서 인기척이 있었다.

  "거 뉘시오?"

  "큰 죄를 지은 사람입니다. 내 죗값뿐만 아니라 남의 죗
값까지 갚으려고 왔습니다."

  한 은자(隱者:속세를 떠나 초야에 묻혀 사는 사람)가 문을 열고
밖으로 나와 물었다.

  "그래, 너는 어떻게 남의 죄를 짊어진 것이냐?"

298

대자는 지금까지 있었던 일을 털어놓았다. 대부가 자기에게 세례를 준 이야기, 어미 곰과 새끼 곰들에 대한 이야기, 금지된 방에 들어간 일과 옥좌에 앉은 일, 대부가 자기에게 하라고 한 일, 그리고 밭에서 농부들이 송아지를 쫓느라고 마구 밭을 밟던 일, 송아지가 자기 주인 여자의 목소리를 듣고 밭에서 달려 나오던 일 등을 낱낱이 다 이야기했다.

"악은 악으로 대할 수 없다는 것을 깨달았습니다. 그러나 어떻게 악을 없애야 하는지는 모르겠습니다. 나에게 그 가르침을 주십시오."

그러자 은자가 말했다.

"네가 말한 것 외에 여기까지 오면서 빼놓은 일이 있다면 그것을 말해 보아라."

대자는 어떤 아주머니가 집 안 청소를 하던 일, 농부들이 수레바퀴를 만들던 일, 목동들이 모닥불을 피우던 일 등을 은자에게 들려주었다. 은자는 이야기를 다 듣고 나서 안으로 들어가더니 이빨 빠진 도끼를 들고 나와서 말했다.

"자, 가자."

은자는 기도원에서 얼마 떨어진 곳에 이르자 나무 한 그루를 가리키며 말했다.

"이 나무를 찍어라."

대자가 나무를 찍자 나무가 쓰러졌다.

"이번에는 세 토막을 내거라."

대자는 세 토막을 냈다. 그러자 은자가 기도원으로 가서 불을 가져왔다.

"이 세 토막을 불에 태워라."

대자는 불을 피워 세 개의 나무토막을 태웠다. 나무토막 세 개가 타다 말았다.

"땅을 반쯤 파고 이것을 묻어라."

대자는 타다 만 나무토막 세 개를 각각 파묻었다.

"저기 산이 보이지, 그 산 아래 강이 있다. 거기 가서 입으로 물을 담아 이 나무토막에 물을 주어라.

첫 번째 나무에는 청소하던 주인 아주머니에게 지혜를 준 것처럼 물을 주고,

두 번째 나무에는 네가 수레바퀴 만드는 농부들에게 지혜를 준 것처럼 물을 주고,

세 번째 나무에는 네가 목동들에게 지혜를 준 것처럼 물을 주어라.

이 세 개의 나무토막이 모두 뿌리를 내려 사과나무로 자랄 쯤이면 너는 악을 어떻게 없앨 수 있는지를 알게 된다. 그때야말로 모든 죗값을 치르게 될 것이다."

이렇게 말하고 은자는 기도원으로 가 버렸다. 대자는 은자의 말을 곰곰이 생각해 보았으나 도무지 은자의 말을 이해할 수 없었다. 그러나 대자는 은자가 시킨 대로 일을 시작했다.

❀❀❀

10

대자는 강가로 가서 입 안 가득 물을 담아와 나무토막에 주었다.

수차례 왔다 갔다 하면서 겨우 한 개의 나무토막에 물을 주었다. 그리고 나서 다른 두 나무토막에도 똑같은 방법으로 물을 주었다.

허기지자 대자는 무엇인가 먹어야겠다는 생각이 들었다. 그는 은자의 기도원으로 갔다.

문을 열어 보니 은자가 긴 의자 위에 누운 채로 숨져 있었다.

대자는 몹시 배가 고파 빵부터 찾아 먹었다. 그런 뒤에 삽을 찾아 은자가 묻힐 땅을 파기 시작했다.

밤에는 입으로 물을 담아와 타다 만 나무토막에 물을 주고 낮에는 은자가 묻힐 땅을 팠다. 이렇게 땅을 파서 은자를 막 묻으려고 하는데 마을에서 사람들이 은자가 먹을 빵을 가져왔다.

마을 사람들은 은자가 죽은 것을 슬퍼했다. 그리고 그가 죽으면서 그의 자리를 대자에게 물려준 것으로 생각했다.

사람들은 은자를 묻고 대자에게 빵을 남겨 둔 뒤, 다시 오겠다는 말을 남기고 돌아갔다.

대자는 은자의 기도원에서 살게 되었다. 대자는 사람들이 가져다 주는 빵을 먹고 살면서 은자가 시킨 일을 계속하였다.

강가로 가서 입 안 가득 물을 담아와 타다 만 나무토막에 주는 것이었다.

이렇게 1년이 지났다. 그에 대한 소문이 퍼지자 그를 찾는 사람들이 많아졌다.

숲 속에 성인이 살고 있는데, 그 사람은 강가의 물을 입으로 담아와 나무토막에 주면서 수행을 한다는 소문이었다. 그러자 많은 사람들이 그를 보기 위해 찾아왔다.

부자 상인도 찾아와서 많은 물건을 놓고 갔다. 대자는 자기에게 필요한 물건 외에는 아무것도 가지지 않고 가난한 사람들에게 골고루 나누어 주었다.

대자는 하루의 반은 입으로 물을 담아와 나무토막에 주고, 반은 쉬면서 사람들을 만났다.

대자는 이것이 자기에게 주어진 생활이며, 이런 생활이 악을 없애고 모든 죄를 갚게 할 유일한 길임을 너무나 잘 안다.

이렇게 대자는 또 1년을 보냈다. 그는 하루도 물 주는 것을 거르지 않았다. 그런데도 나무토막에는 싹이 돋아나지 않았다.

그러던 어느 날 대자가 기도원에서 앉아 있는데 누군가 말을 타고 노래를 부르며 지나가는 소리가 들렸다.

대자는 어떤 사람인가 하고 밖으로 나가 보았다. 덩치가 큰 젊은 남자였다. 멋진 옷뿐만 아니라 말도 안장도 고급이었다.

대자는 남자를 불러 놓고, 어디서 무얼 하는 사람이며 어디로 가는 길이냐고 물어보았다.

그러자 남자는 말을 세우고 말했다.

"나는 강도다. 이곳 저곳 돌아다니며 사람을 죽이는데, 사람을 많이 죽일수록 기분이 좋아서 노래를 부른다."

이 말을 듣자 겁먹은 상태에서 대자는 생각했다.

'저 남자의 악한 마음을 어떻게 하면 사라지게 할 수 있을까? 나를 찾아오는 사람들은 모두 하나같이 죄를 뉘우친다는 사람들뿐인데, 저 남자는 죄짓는 것을 자랑하고 있지 않은가?'

대자는 할 말을 잃고 그 옆에서 물러나 이렇게 생각했다.

'앞으로 어떻게 살아갈까. 저 강도가 이 부근을 이리저리 돌아다니면 사람들이 겁을 먹고 이곳에 얼씬못할 거야.

그렇게 되면 그 사람들에게도 이로울 게 없겠지만 나 역시도 살길이 막막해지겠지?'

그래서 대자는 물러서던 발길을 멈추고 강도에게 말했다.

"이보시오. 나를 찾아오는 사람들은 젊은이처럼 나쁜 짓을 자랑하지 않소. 자기의 죄를 뉘우치며 용서를 빌고 있어요.

그러니 젊은이도 하느님께 용서를 받으려면 뉘우치도록 하시오. 만약 나쁜 짓을 계속해서 할 생각이라면 이곳을 떠나 다시는 나타나지 마시오.

내 마음을 상하게 하거나 내게 오겠다는 사람들을 막는다면 반드시 하느님의 벌을 받게 될 것이오."

강도는 가소롭다는 듯 웃으면서 말했다.

"나는 하느님 같은 것을 두려워하지 않는다. 그러니 네 말을 들을 일이 없다.

네가 내 주인이냐? 너는 기도를 드려 먹고 살지만, 나는 강도질로 먹고 살지.

사람은 저마다 먹고 사는 방법이 다른 거야. 너는 입으로 설교만 하면 되는 거야.

네가 나에게 하나님 이야기를 한 대가로 내일 두 사람을 더 죽이겠다.

지금 당장 너를 죽일 수도 있지만 그런 일로 손을 더럽힐 생각은 없다. 그러니까 앞으로 내 눈에 띄지 않도록 해라. 내 눈에 띄면 그날이 죽는 날이다."

이렇게 위협한 뒤 강도는 그곳을 떠나 버렸다. 그 후로 강도는 다시 오지 않았다. 그렇게 8년을 평온하게 지내자 대자는 지루한 생각이 들었다.

❀❀❀

11

어느 날 아침 일찍 일어난 대자는 나무토막에 물을 주고 나서 기도원으로 돌아왔다. 날이 밝자 그는 오솔길을 바라보며 사람들이 찾아오기를 기다렸다.

그런데 그날은 아무도 찾아오는 사람이 없었다. 대자는

해질 무렵까지 우두커니 앉아 있었다.

그는 할 일이 없자 지금까지 살아온 길을 되돌아보았다. 그러다가 문득, 너는 하느님께 기도나 드리면서 먹고 사는 놈이라는 강도의 말이 떠올랐다.

대자는 지난 일을 되돌아보며 이렇게 생각했다.

'나의 생활은 은자의 가르침과는 다른 것 같다. 은자는 나에게 고행을 통하여 죄를 씻으라 했다.

그러나 나는 그것을 가지고 빵이나 얻어먹고 대접하기를 바라게 되었다. 또한 대접을 받고 싶은 유혹에 빠졌다.

그러니 사람들이 찾아오지 않으면 시무룩해지고 찾아오면 성인으로 받들어 모시는 줄 알고 기뻐한다.

이런 생활은 죄를 갚는 것이 아니다. 이런 생활은 과거의 죄를 갚기는커녕 새로 죄를 짓는 것이 아닌가.

사람들이 보이지 않는 깊은 산속으로 떠나야겠다. 혼자 살면 예전의 죄는 갚게 되고 새로운 죄는 짓지 않게 될 것이다.'

대자는 이렇게 생각하고 작은 자루에 빵을 넣고 삽을 챙긴 뒤 기도원을 떠나 깊은 골짜기로 내려가려 했다.

그때 저쪽에서 강도가 말을 타고 오는 것이었다. 대자는 놀라서 도망치려고 했다. 그러나 강도가 잽싸게 다가와 그를 붙잡았다.

강도가 물었다.

"어딜 그렇게 가고 있는 거요?"

대자가 대답했다.

"사람들을 피해 아무도 찾아오지 못할 곳으로 가려 하오.

강도가 어처구니없다는 듯이 웃으면서 물었다.

"그래 그건 좋아. 그런데 사람들이 찾아오지 않으면 무얼
먹고 사나?"

미처 거기까지 생각해 본 적이 없는 대자가 적당히 둘러
댔다.

"하느님이 주시는 것으로 살아가면 되지 않겠소."

강도는 아무 말없이 그 자리를 급히 떠나 버렸다.

대자는 생각했다.

'나는 저 남자의 생활을 전혀 물어보지 않았다. 어쩌면 지
금쯤 뉘우치고 있을지도 모른다.

오늘은 전보다 부드러워졌고 사람을 죽이겠다는 위협도
없는 걸 보니 뉘우친 게 분명해.'

그런 생각이 들자, 대자는 강도의 등에다 대고 소리쳤다.

"아무튼 당신은 죄를 뉘우쳐야 하오. 하느님의 눈은 피할
수가 없소!"

그 말이 끝나기가 무섭게 강도는 말 머리를 돌렸다. 그리고 달려오더니 이내 허리춤에서 칼을 뽑아 대자를 내리치려고 했다. 대자는 깜짝 놀라 숲 속으로 도망쳤다.

강도는 뒤쫓지 않고 이렇게 소리쳤다.

"이번이 두 번째야. 그러나 세 번째 눈에 띄면 반드시 죽여 버리겠어."

이렇게 말하고 강도는 가 버렸다.

저녁에 대자는 타다 남은 나무토막에 물을 주려고 갔다. 그 중 한 나무토막에 싹이 돋아나 있었다. 그것은 사과나무였다.

❀❀❀

12

대자는 사람들을 멀리하고 홀로 살기 시작했다. 마침내 빵도 다 떨어졌다.

대자는 생각했다.

'이젠 풀뿌리라도 캐러 가야지.'

풀뿌리를 캐기 위해 밖으로 나가려다 보니 나뭇가지에 빵 주머니가 걸려 있었다. 대자는 그것을 가져다 하루의 끼니로 삼았다.

빵이 다 떨어지면 다른 빵 주머니가 그 나뭇가지에 걸려 있었다. 대자는 이렇게 해서 굶지 않고 살아갈 수 있었다.

다만 한 가지 고민이 있다면 강도가 나타나지 않을까 하는 두려움이었다. 그래서 강도의 기척을 느끼면 재빠르게 숲 속으로 몸을 숨겼다.

'그 강도의 눈에 띄는 날에는 죽음을 피할 수 없어, 그렇게 되면 나는 죗값을 치르지 못하겠지.'

이렇게 또 10년이 흘렀다. 사과나무는 한 그루만 자랄 뿐, 나머지 둘은 여전히 싹이 돋아나지 않았다.

하루는 대자가 아침 일찍 일어나 타다 만 나무토막에 물을 준 뒤 앉아 쉬었다. 쉬는 동안 그는 이런 생각을 해보았다.

'나는 또 죄를 지었다, 죽음을 두려워하다니. 하느님의 뜻이라면 죽어서라도 죗값을 다해야 한다.'

이런 생각이 머리를 스치는 순간 강도의 기척이 있었다. 대자는 그 소리를 듣고 생각했다.

'하느님 외에 누가 나를 두렵게 할 것인가.'

그는 강도가 오는 쪽으로 걸음을 옮겼다. 강도는 혼자가 아니라 안장 뒤에 어떤 남자를 태우고 있었다.

그 남자는 손이 묶이고 입은 재갈 물린 채 있었다. 그런 그에게 강도는 온갖 욕을 다 퍼부었다.

대자는 강도가 타고 있는 말의 앞을 가로막으며 말했다.

"이 사람을 어디로 데려가는가?"

"숲 속으로 끌고 간다. 이놈은 상인의 아들이다. 이놈은 자기 아버지의 돈을 어디에 숨겨 두었는지 입을 열지 않는단 말이다. 그러니 입을 열 때까지 두들겨 패야지."

이렇게 말하고 강도가 지나가려 하자, 대자는 말고삐를 잡고 놓지 않았다.

"이 사람을 놓아주시오."

강도는 버럭 화를 내더니 대자를 향하여 채찍을 높이 쳐들었다.

"그래, 너도 이런 꼴을 당하고 싶냐? 약속한 대로 너를 죽여 주마."

그러나 대자는 두려워하지 않았다.

"그래, 죽여라. 내가 두려운 건 하느님뿐이다. 하느님은 이 고삐를 놓지 말라고 하셨소. 어서 이 사람을 놔주시오."

강도는 얼굴을 찌푸리며 채찍대신에 칼을 뽑았다. 그리고 오랏줄을 끊어 상인의 아들을 풀어 주었다.

"에이, 두 놈 다 꺼져 버려. 두 번 다시 내 눈에 띄면 용서

하지 않겠다."

상인의 아들은 말에서 뛰어내리자마자 달아났다. 강도는 그냥 가려고 했다. 그러자 대자는 그를 불러 이렇게 말했다.

"이젠 더 이상 죄를 짓지 마시오."

강도는 잠깐 동안 서서 대자의 말을 듣고 난 뒤 아무 말없이 떠나 버렸다.

다음날 아침 대자가 타다 만 나무토막에 물을 주려고 가보니 또 다른 나무토막에 싹이 돋고 있었다. 역시 사과나무였다.

❀❀❀

13

다시 10년의 세월이 흘렀다. 대자는 움막 속에 앉아 있었다.

그는 더 이상 바랄 것도 두려워할 것도 없었다. 마음은 기쁨으로 충만해 있었다.

대자는 생각했다.

'하느님은 사람에게 큰 행복을 주신다. 그런데 사람들은

공연히 자기 자신을 괴롭히며 살아간다. 얼마든지 기쁨을 누릴 수도 있는데 말이다.'

기쁨을 멀리하고 자신을 괴롭히는 모든 죄악을 생각해 보았다. 그러자 사람들이 한없이 불쌍해졌다.

'내가 이런 생각을 한다는 자체가 어리석은 일이다. 바깥 세상으로 나가서 내가 알고 있는 것들을 알리자.'

그때 어디선가 기척이 있었다. 강도가 말을 타고 오는 소리였다.

대자는 모르는 척 그 소리를 지나쳤다. 그러면서 생각했다.

'저런 놈은 어떤 말을 해도 못 알아들을 거야.'

처음에는 그렇게 생각했다. 그러나 생각을 고쳐먹고 밖으로 나갔다.

강도는 힘없이 땅을 내려다보면서 말을 몰고 있었다. 대자는 강도의 그런 보습을 보니 불쌍한 생각이 들었다.

대자는 그에게로 달려가 그의 무릎을 잡고 말했다.

"사랑하는 형제여, 부디 자기의 영혼을 불쌍히 여기시오! 그대 안에 하느님이 계시네.

자네 스스로 남도 괴롭혀 왔고 자신도 괴롭혀 왔네. 앞으론 더 큰 괴로움을 겪게 될 거야.

자네는 아는가 하나님은 그런 자네를 얼마나 사랑하고 계신지?

제발 자신을 망가뜨리는 일은 하지 말게, 자네의 생활을 바로잡게."

강도는 다른 곳으로 고개를 돌리며 말했다.

"허튼소리 말고 어서 비켜!"

그러자 대자는 강도의 무릎을 더 꼭 잡고 매달리며 눈물을 흘렸다.

강도가 물끄러미 대자를 내려다보았다. 그러다가 말에서 내려 대자 앞에 무릎을 꿇었다.

"마침내 당신이 나를 이겼습니다. 나는 20년 동안 당신과 싸웠어요. 그런데 결국 내가 지고 말았습니다.

이제 저는 제 자신을 마음대로 할 수 없게 되었습니다. 그러니 당신 뜻대로 하십시오.

당신이 처음 제게 무슨 말인가 하려 할 때 나는 화가 머리 끝까지 치밀어 올랐을 뿐이었습니다.

당신이 사람들로부터 그 어떤 것도 바라지 않고 깊은 골짜기로 들어갔습니다.

그때 나는 당신이 세상 사람들에게 도움이 안 된다는 것을 깨닫게 된 뒤, 나는 당신의 말을 생각했습니다. 그래서 나는 주머니에 빵을 넣어 나뭇가지에 걸어놓은 것입니다."

그 말을 듣고 대자는 마을 끝에 사는 주인 아주머니를 생각했다. 걸레를 깨끗이 빨았을 때 비로소 식탁을 깨끗이 닦을 수 있다는 것을.

그처럼 대자도 자기를 걱정하기에 앞서 자기 마음을 깨끗이 했을 때 남의 마음도 깨끗하게 할 수 있다는 것을 알았다.

강도는 말했다.

"그것보다 내 마음을 움직인 것은 당신이 죽음을 두려워하지 않게 되었을 때입니다."

그러자 대자는 생각했다. 농부들이 틀을 단단히 고정시켰을 때 비로소 나무를 구부려 수레바퀴를 만들 수 있다는 것을.

그처럼 대자도 죽음을 두려워하지 않고 오르지 생활을 하느님 안에 단단히 고정시켰을 때 좀처럼 굽히지 않던 악한 마음도 꺾이어 길들여진다는 것을 알았다.

강도는 다시 말했다.

"당신이 나를 불쌍히 여겨 눈물을 흘렸을 땐, 내 마음은 눈처럼 녹아내렸습니다."

대자는 몹시 기뻐하며 타다 만 나무토막이 있는 곳으로

강도를 데리고 갔다.

가까이 가 보니 마지막 나무토막에서도 사과나무의 싹이 돋아나 있었다.

그때 대자는 생각했다. 목동들의 모닥불이 활활 타오를 수 있었던 것은 불이 타오른 뒤 젖은 나무를 올려놓았기 때문이라는 것을.

그처럼 대자도 자기 마음이 먼저 타올라야 남의 마음도 태울 수 있다는 것을 알았다.

이제야 죗값을 치르게 된 대자는 몹시 기뻤다. 그는 그 이야기를 강도에게 남김없이 들려준 뒤 영원히 눈을 감았다.

강도는 대자를 땅에 묻고 그가 바라는 대로 사람들을 가르치며 살았다.

자신의 생을 불태워 등불로 남은 톨스토이

톨스토이는 인류를 사랑한 사람이다. 오늘날 톨스토이
의 문학 작품이 끊임없이 읽히는 것은 그의 사상이 세상
사람들에게 귀감이 되기 때문이다.